AF485349

Otra vez en el faro

Libro interactivo

Otra vez en el faro

Elías M. Delgado

La pareja Ping-Pong

13:13
Las horas hablan,
633 te bendicen con su presencia.
Tal vez, es una señal...

Tranquilo, no estás solo.
Estás vivo...
Acompañado por quién siempre estuvo,
vos mismo.

Están tus demonios,
Amígate con ellos, con su presencia.

Probá, viví, viví sin miedo al porvenir,
no restrinjas tus ideas por aquellos
que las suyas aún no pudieron aclarar.

La vida y la moralidad son muy relativas
El duelo interno es generado por ti.

Evolucioná
Creá
Viajá

Y recién ahí elegí que negás y que afirmás
En ese punto ya despierto, contame...
¿Cómo estuvo el viaje?

-Agustina Fregosi-

El Viaje

Mirás el reloj, son las **17:00 hrs**, levantás la
mirada y la depositás sobre el ordenador, el logo de
Google brilla en todo su esplendor, debajo, la barra
parpadeante espera tu búsqueda.

Colocás los dedos sobre el teclado y te das cuenta
de que tus manos sudan.

Intentás controlar la ansiedad secándotelas en el
pantalón, pero al hacerlo volvés a mirar el reloj en
tu muñeca: **17:01 hrs**.

—Si sigo así voy a enloquecer—le decís a la nada
y te jalás el cabello con las dos manos.

La caspa cae sobre el teclado y suspirás.

Siempre se te ha hecho difícil controlar tu
ansiedad, siempre que planeás algo nuevo, tu
mente no te deja en paz hasta que el momento
llega.

Normalmente lográs distraerte con cosas triviales,
pero hoy es diferente.

Hoy es el día de «El Viaje»

—Vamos Andrés, es algo increíble, te lo
aseguro—las palabras de Alex, tu mejor amigo, se

repiten en tu cabeza haciéndote rememorar el día anterior.

Los dos se encontraban en la rambla de Montevideo contemplando el horizonte con una cerveza en la mano y la luna por sobre sus cabezas.

— ¿Cuándo vas a ir a alguna de mis fiestas? —Te había preguntado Alex al pasarle la botella.

—No lo sé, tengo miedo, mira si tengo un mal viaje...

—Eso es como decir: «no me tiro en paracaídas por miedo a que no se abra» la posibilidad siempre está ahí, pero eso no quiere decir que te pase a ti, además, voy a estar yo para cuidarte. De eso me encargo, no por nada el lugar se llama «El Faro» allí se encuentra...

—«La luz que te muestra el camino...»—recordás interrumpirlo—conozco tu frase de memoria.

Alex te mira, sonríe y te golpea el hombro.

—Ya está hecho, mañana a las diez de la noche te paso a buscar y no voy a aceptar un no como respuesta, vas a cumplir 22 años y desde que te conozco nunca has vivido una aventura.

—No me gustan los riesgos.

— ¡Y un carajo! La juventud está para aprender y no voy a dejar que te conviertas en un viejo amargado.

—Tal vez tengas razón...—recordás mirar el horizonte de forma ansiosa.

Alex se levanta, le da un último trago a la cerveza y hace el amague de aventarla al río de la plata, pero se detiene.

—En otra versión de esta historia, estoy seguro de que la lancé, pero no va a ser en esta—guarda la botella en su mochila.

Pestañeás y la realidad vuelve a ti, google sigue esperando tu búsqueda.

Tecleás: «LSD»

Resultados: «LSD

Droga

Descripción

La dietilamida de ácido lisérgico, LSD-25 o simplemente LSD, también llamada lisérgida y comúnmente conocida como ácido, es una sustancia psicodélica semisintética que se obtiene de la ergolina y de la familia de las triptaminas y que produce efectos psicológicos.

[Wikipedia](https://es.m.wikipedia.org/wiki/LSD)
»

Nada de lo que leés te trae tranquilidad, pero allí te quedás un buen rato buscando.

Al cabo de media hora de búsqueda sabés unas cuantas cosas.

1: Vas a hacer algo ilegal.

2: Hay tres tipos de dosis normales: 1/4 -1/2 - 1

3: El viaje dura un promedio de 8 horas iniciando entre los 30 a 120 minutos luego de la ingesta.

4: Se producen alucinaciones.

5: Todo lo que hagas, pienses o veas influye en el viaje.

6: Su ingesta puede ser por vía oral o por el ojo.

Con toda la información tomando forma en tu cerebro, te levantás del asiento con la intención clara de darte un baño, seguido de una siesta.

Al acostarte en la cama ponés la alarma a las nueve y nueve de la noche, lográs conciliar el sueño a las mil y quinientas, pero soñás con personas colocándose cartones diminutos en el ojo y viendo dragones por doquier.

Te despierta eufórico, el sonido de la alarma junto con el timbre de la puerta.

Entre dormido y despierto caminás hasta la entrada y observás por la mirilla, aunque no hacía falta mirar, era algo obvio, la forma de mantener presionado el timbre hasta convertirlo en un pitido insoportable solo podía ser de una persona.

—Hasta que me atendés—Protesta Alex sacando el dedo del timbre.

—Estaba durmiendo—Le respondés bostezando.

—De eso nada—Dice y se adentra en tu casa.

Sonreís al cerrar la puerta, siempre admiraste la confianza de tu amigo.

— ¿Tenés algo de comer o vamos a tener que pedir una pizza?

—Pensé que íbamos a comer en tu casa, después de todo ¿No es una fiesta?

— ¡Ay amigo mío! Se nota que eres un noob. No es una fiesta convencional.

—Okey, podrías habérmelo dicho antes ¿no?

— ¿Y qué te pensás que estoy haciendo en tu casa media hora antes de lo acordado?

Suspirás y le lanzas el celular.

—Pide unas pizzas, voy al baño.

— ¡Así se habla, hermano! — te responde agarrando el celular en el aire.

Para cuando sales del baño la pizza ya se encuentra sobre la mesa y Alex se está comiendo una porción mientras juega a la ps4.

— ¿Podrías dejar de ensuciarme el mando? —Le preguntás arrancándoselo de la mano para limpiarlo con una franela—Es asqueroso.

—Tu control sobre todo es asqueroso—Te responde chupándose los dedos para terminar de limpiárselos sobre el sillón nuevo.

Cerrás los ojos por un momento para no estallar y luego te comés una porción de pizza.

Cenan entre risas y partidas de fútbol virtuales, en las que el ganador siempre resultaba siendo Alex, y tú para no sentirte tan manco le echabas la culpa a la ansiedad.

—Ha llegado el momento de la verdad—te dice Alex meciendo las llaves de su auto.

Tragás saliva y asentís…

Antes de llegar a lo de Alex, hacen una parada en una casa lujosa con dos perros enormes coronando el patio, te dice que esperes y al cabo de cinco minutos vuelve a estar junto a ti.

—Tengo lo nuestro—proclama con una sonrisa, extendiendo la mano izquierda para que puedas ver una envoltura cuadrada y plateada—cuando lleguemos te lo muestro con más detalle.

—Dale—Respondés nervioso y clavas la mirada en la ventana.

Muchas cosas pasan por tu cabeza antes de llegar a la casa, pero intentás acallar los pensamientos, después de todo ya estás en el baile y ahora toca moverse.

—Hemos llegado—dice Alex apagando el motor.

Mirás hacia el frente y te sorprendés, una fila inmensa de gente espera detrás de un cordón rojo, hay de toda clase de vestimentas, pero predominan los colores llamativos.

Encima de la puerta doble de entrada, se encuentra un cartel luminoso que reza: «El Faro»

Mirás estupefacto a tu amigo.

—Te dije que esto iba a ser una bomba—te responde encogiendo los hombros.

—Pensé que era una fiesta entre cuatro o cinco amigos...

—Al principio empezó así, pero siempre alguien tenía a un amigo más al cual quería mostrarle la experiencia y una cosa llevó a la otra hasta que surgió esto—señala hacia el frente—igual no te preocupes—mete la mano en su bolsillo—hay dos formas de vivir esta fiesta y tu amigo mío, venís con la V.I.P—te extiende una entrada en forma de pulsera en la cual se puede leer: «Guiado por el Faro» seguida del vector de un pequeño faro negro iluminando un ojo a la distancia.

—No estoy entendiendo nada... ¿toda esta gente viene aquí para drogarse?

Alex te mira y pone cara de ofendido, pero rápidamente vuelve a sonreír.

—Te permito esa insensatez porque eres mi mejor amigo, pero no todos son tan abiertos como yo, así que guárdate tus comentarios ofensivos.

—Lo siento...

—Solo bromeaba—te golpea el hombro—Relájate, el faro te cuida—le suena el celular y atiende.

Te colocás la pulsera en la muñeca y esperás a que Alex termine de hablar.

—Listo, todos están aquí—se abalanza hacia la parte trasera del coche y extrae una bolsa.

— ¿Qué tenés ahí? — le preguntás de forma curiosa.

—Velo por ti mismo—Te lanza la bolsa y enseguida se dispone a agarrar otra.

Mirás el interior de la bolsa de papel y te encontrás con un antifaz que perfectamente pudo haber salido de la película «50 sombras de Grey» seguido de una caperuza carmesí parecida a la que usaban los «Vulturis» en «Crepúsculo»

—Ya me estás dando miedo—Le decís al ver que
ya tenía puesto su antifaz y su capa.

—«Dale una máscara a un hombre y sabrás quien
es en realidad»—recita a toda contestación y se
baja del auto.

Impaciente y con la ansiedad por las nubes, te
terminás de arrancar la uña que llevabas
mordisqueando desde que salieron y te colocás el
antifaz junto con la caperuza.

Al bajar del auto, llega a tus oídos el murmullo de
la gente de la fila, al parecer todos te miran,
sonríen y algunos incluso te saludan con la mano
como si te conocieran de toda la vida.

—Muchos matarían por estar en tu lugar. —Te
dice una voz misteriosa que nunca habías
escuchado.

Te das la vuelta sorprendido y te encontrás con
otro chico vestido con la misma indumentaria que
tú.

—Un gusto, mi nombre es Rey—te extiende la
mano.

Lo saludas al tiempo que buscás con la mirada a
Alex que parece haber desaparecido.

—Mi nombre es Andrés, el gusto es mío, ¿Dónde está Alex?

Ante tu pregunta Rey sonríe y señala hacia el costado del auto.

— ¡Faro! —Grita de repente.

— ¡Voy! —Escuchás que responde tu amigo antes de aparecer con cuatro encapuchados más.

Luego de un rato de presentaciones en donde averiguás que los demás encapuchados son nada más y nada menos que cuatro chicas llamadas: Isa, Sol, Luz y Libertad se adentran por la puerta conjunta a la principal y terminan en una pequeña sala de estar.

Quedás fascinado por la decoración, en una de las paredes hay una inmensa réplica del faro que tiene la pulsera en tu muñeca y brilla a causa de las luces negras ubicadas en cada esquina de la habitación, en el resto de las paredes notás dibujos abstractos en donde predominan ojos, espirales y manchas en tonos blancos y negros.

Dos sillones rondan la mesa ratona de cristal que
parece brillar de verde y sobre la misma hay tres
cofres pequeños con decoraciones antiguas.

Te sientes a punto de ser iniciado en una secta
satánica y temés que dentro de algunos de esos
cofres se encuentre algo perturbador.

—Se lo que pensás—Te dice Alex con una
sonrisa—«Estos son una manga de chiflados» pero
nada está más lejos de la verdad, por favor, sentate
y ponete cómodo.

Te extraña la forma en la que te habla, su tono es
tranquilo, imperturbable, nada parecido a la euforia
que normalmente irradia tu amigo.

Le obedecés y te sentás. Los demás rápidamente
hacen lo mismo, menos Alex que camina hacia un
reproductor de música y lo enciende haciendo que
toda la habitación se inunde de música electrónica,
un gusto en común que poseen.

La compañía de la música te tranquiliza un poco
los nervios, pero las manos no te dejan de
transpirar y eso te incomoda.

—Luego de tanto tiempo…—Dice Alex por sobre la música—Andrés, mi buen amigo, se ha dignado a «Viajar» con nosotros.

Todos rompen en aplausos y los que están sentados al lado tuyo: Rey y Libertad, te dan un abrazo de bienvenida.

—Antes de que empecemos, si tenés alguna duda este es el momento:

Notás las miradas de todos sobre ti.

¡Claro que tengo dudas!

Ir a la página: 22

¡Vayamos al grano!

Ir a la página: 29

¡Claro que tengo dudas!

—Si… me gustaría saber un poco más sobre los efectos del LSD.

—Estamos aquí para ello— te responde Alex señalando a Sol— Ella es nuestra experta, con gusto te lo explicará.

— ¡Me encanta esta parte! — responde dando un salto para ponerse de pie, camina hasta un cuadro que tiene una bicicleta dibujada, lo descuelga y te lo enseña.

—El ácido, tripa, cartón, cuadro, LSD o como quieras llamarlo—te dice con una sonrisa—es básicamente un pedacito diminuto de cartón, al cual se le coloca una gota de LSD-25.

—Sí, eso lo leí en internet—le respondés en un tono ansioso, para nada deseás que vuelvan a usar esa forma de hablar tan aburrida.

—Bueno…—dice Alex—para empezar por algo divertido: ¿Sabés que se conmemora el 19 de abril?

—El desembarco de los treinta y tres—Respondés sin entender la relación entre la patria y el LSD.

Al escucharte, todos ríen, pero no de una forma burlona ni nada parecido, más bien con melancolía, como si en algún momento todos hubieran dicho lo mismo.

—Es verdad—ahora la que vuelve a hablar es Sol—pero a nivel mundial, lo que se celebra es el día de la bicicleta.

—Lo curioso es que nada tiene que ver con la creación de la misma ni nada parecido—dice Isa con su suave voz—En 1938 un científico suizo llamado Albert Hoffman trabajaba con el ácido lisérgico, un derivado de la ergotamina, un componente químico que se obtiene a partir de un hongo que crece en el centeno. Lo mezclaba con diferentes moléculas orgánicas hasta que un día sintetizó la **dietilamida de ácido lisérgico -25 (LSD).**

Cinco años después de su creación Hoffman se expuso a ella accidentalmente en su laboratorio y según sus propias palabras sintió: «una remarcable inquietud combinada con un ligero mareo» y vio «imágenes fantásticas, formas extraordinarias con intensos juegos de color caleidoscópico» en vista de todo esto, el 19 de abril de 1943 decidió investigar más a fondo sus efectos, en sus apuntes escribió que a las 16:20 ingirió una dosis de LSD y que 40 minutos después comenzó a sentir: «un mareo incipiente, ansiedad, distorsiones visuales, síntomas de parálisis y deseo de reír» esto fue lo último que escribió…

—Suponemos que ya no se sentía en condiciones para seguir con el experimento, porque le pidió a su asistente que lo acompañara a su casa, gracias a los impedimentos de la segunda guerra mundial para movilizarse en vehículo, no le quedó más que volver en bicicleta—Alex sonrió y miro a Sol, la misma asintió y alzó el cuadro con la bicicleta.

—Ese es el primer viaje de LSD de la historia— caminó hacia la pared y volvió a colgar el cuadro para descolgar una foto enmarcada que se había mantenido oculta para tu vista hasta ese momento— hecho por Albert Hoffman—te entrega la foto, en la misma podés ver a un hombre de tez blanca con una prominente pelada y con lentes redondos al estilo Harry Potter, vestido con una túnica blanca.

— ¿Te gustaría saber cómo pasó de ser un experimento a una droga urbana o ya te sientes listo para empezar? —te pregunta Rey.

¡Vayamos al grano!

Ir a la página: 29

Saber más.

Ir a la página: 25

Saber más

Todo lo que te dijeron te parece interesante, aun te sientes lo suficientemente inseguro como para ir directo al grano, así que pedís más información.

— Luego de ese experimento, Hoffman siguió trabajando e investigando hasta que en la década de los 50 atrajo la atención de algunos investigadores por su potencial para tratar enfermedades mentales como la esquizofrenia, la depresión o la adicción.

»Hoffman creía incesantemente en este potencial, pero en la década de los 60 el LSD comenzó a utilizarse como droga urbana ya que se corrió la voz de que podía alterar la mente. Eran los años 60, la era del rock, el sexo y las drogas sin control, lo que ocasionó que se prohibiera.

—Como estamos en el 2021 y aún existe, quedó claro que esa prohibición solo sirvió para que se dejara de experimentar legalmente con ella y que su venta y consumo pasara a la clandestinidad. Ahora…—dice Alex, sé que estuviste navegando en internet y como la misma está llena de mierda permitime liberarte de algunos mitos.

—«**El LSD se queda en tu médula ósea
toda la vida**»—grita Rey a modo de estudiante,
Alex sonríe y tú te entusiasmás.

—Ese es el mito más común y con menos peso
científico que existe: el promedio de duración del
lsd en tu organismo es de dos horas, luego de eso,
la molécula desaparece y si, es verdad que el viaje
dura de 8 a 12 horas dependiendo de la dosis y la
calidad, pero es solo porque la misma funciona
como catalizador desencadenando procesos
químicos que continúan aunque ella no esté: «Las
explicaciones en términos de que el LSD
físicamente permanece en el cuerpo por
meses o años luego de su consumo han
sido descontinuadas por la evidencia
experimental». Abraham, H. D., &
Duffy, F. H. (1996)

— ¡Yo quiero decir uno! — Chilla Isa con una
sonrisa— **El LSD es adictivo**

— Según el Departamento para el Control de
Drogas (DEA) en EU, «La mayoría de los usuarios
de LSD disminuyen su consumo luego de un
tiempo. El LSD no es considerada una droga

adictiva, puesto que no produce un comportamiento compulsivo para su obtención». Y para agregar algo más, en sus inicios era utilizada como método alternativo para combatir otras adicciones.

— ¡Me toca! —Dice Libertad— **Solo se puede tomar cuatro cartones por año o te dañás el cerebro**

—El LSD no es toxico, (aquí cabe aclarar que siempre estamos hablando del ácido puro sin alteraciones). Luego de unos cuantos días tomando de forma seguida, el cuerpo genera resistencia, así que los efectos esperados ya no son los mismos, si no que a duras penas conseguirías un leve «Brillito» la misma resistencia se va, luego de pasados tres días sin consumir.

—Voy a morirme de una sobredosis— dice Sol con una voz tan melancólica que te extrémese.

—Si tomas más agua de la que tu cuerpo puede liberar, podés morir, a este fenómeno se le conoce como «hiperhidratación» así pasa con todo, y también con el LSD pero la dosis para morir por sobredosis no se conoce aún ya que «No han habido muertes documentadas por sobredosis de LSD.» Klock JC, Boerner U, Becker CE. Así que se estima que la dosis letal está entre los 14 mil microgramos, es decir, unos 100 cartones normales.

—Como me encanta esta parte—Dice Libertad con una sonrisa y luego camina hacia el reproductor de música para subirle el volumen.

Alex te mira con una sonrisa, y tú se la devolvés, sabés que ahora estás listo para continuar.

¡Vayamos al grano!

Ir a la página: 29

¡Vayamos al grano!

Te quedás mirando a Alex por un segundo y luego negás con la cabeza.

—Bien, entonces empecemos—camina hacia la mesa y se arrodilla—como verás, aquí hay tres cofres, en cada uno de ellos hay una dosis de tripa, que va desde un cuarto hasta uno entero. Yo te aconsejaría empezar con la más pequeña, ya que de la dosis que tomes, dependerá tu viaje.

Cofre con 1/4

Ir a la página: 30

Cofre con 1/2

Ir a la página: 82

Cofre con 1

Ir a la página: 134

Cofre con ¼

Mirás atentamente los tres cofres, lo meditás por un momento y luego agarras el que tiene un 1/4.

—Es la mejor dosis para empezar— te dice Sol con una sonrisa que resalta el color azul de su antifaz.

— ¿Ahora qué hago? —preguntás con el cofre entre tus manos sudadas.

—Primero que nada—dice Rey—abrirlo.

Todos ríen, suspirás y mirás a Alex quien se encuentra cambiando la música, pero al notar tu mirada no duda en asentir.

Abrís el cofre como si fueras un pirata, te sorprendés al visualizar en su interior otra caja aún más chica, al parecer hecha de papel origami flúor.

Metés tu mano y la retirás, te atrapa el color brillante intenso y amarillo que irradia.

— ¿Qué es esto? ¿Una imitación de una muñeca rusa? —te animás a bromear para así poder controlar un poco tu ansiedad.

Nadie ríe, solo Luz parece mirarte con suma atención a través de su antifaz violeta.

Suspirás y abrís la caja en miniatura.

Ahora sí, ya no hay más sorpresas, te encontrás con un pequeño cuadrado envuelto en aluminio, semejante a lo que Alex te mostró en el auto, lo coges con sumo cuidado, es tan pequeño, que tenés miedo de que se caiga y se pierda en la oscuridad.

Con dificultades lográs retirar la envoltura y te das cuenta de que lo que tenés ahora en la mano no es más que un diminuto pedazo de cartón, que al parecer parece formar parte de otro más grande, puesto que tiene un dibujo difícil de identificar que parece cortado con una tijera.

—Hace tanto que no nos divertimos con una dosis tan pequeña que casi siento nostalgia—le comenta Libertad a Sol y ambas asienten.

— ¿Ahora qué hago? —preguntás dubitativo.

—Bueno amigo—te dice Rey apoyándote una mano en el hombro—eso depende de que tan osado seas—señala su ojo con la mano izquierda y con el dedo índice de la mano derecha se señala la boca— Es una u otra.

Metérselo por el ojo

Ir a la página: 34

Tragárselo

Ir a la página: 32

Tragárselo

Sin pensártelo mucho, te lo colocás sobre la lengua y te sorprendés al descubrir que no tiene ningún sabor, salvo quizás el propio del cartón mojado.

—Tragátelo—Te aconseja Alex.

Asientes y lo haces, no sentís ningún cambio, recordás lo leído, mirás tu reloj, son las 22:30, así que recién a las 23:00 o 23:30 estarías comenzando tu viaje.

— ¿Qué hacemos en la espera? —Le preguntás a Alex al colocar el cofre nuevamente sobre la mesa y levantarte.

—Escuchar un poco de música y esperar, la fiesta comienza oficialmente a las 12:00, tiempo más que suficiente para que comience tu viaje.

Tenés intenciones de seguir hablando con él, pero al parecer Alex tiene otros planes, camina hacia la puerta y se pierde tras ella dejándote con cinco desconocidos.

—Tranquilo, Andrés—te dice Rey acercándose a ti por detrás.

Te das la vuelta.

—Todo esto es nuevo para mí, jamás en mi vida probé ninguna droga—suspirás, no sabés por qué te abrís tanto, pero, te da igual, volvés a suspirar y te secas las manos en el pantalón.

«Malditas y asquerosas manos» pensás enojado.

—Todos en algún momento hemos probado drogas, incluso sin darnos cuenta, sin ir más lejos, ¿Qué son los medicamentos? ¡Drogas! A demás, Alex me contó que te gusta tomar Alcohol, y eso querido amigo, también es una droga, aunque esté socialmente más aceptada que otras.

—Si bueno… me refería a las drogas de diseño, las sintéticas.

—Te noto algo nervioso…—Sentís las delicadas manos de Luz apoyándose sobre tus hombros y te estremecés cuando comienza a moverlas—quizás unos buenos masajes te tranquilicen.

Te lleva de nuevo al sillón y ahí comienza a hacerte los mejores masajes que jamás en tu vida te habían hecho. Cerrás los ojos, sus manos femeninas son como herramientas capaces de ajustar tu nivel de ansiedad, y su voz susurrando tu nombre y preguntándote cosas triviales es como una sutil melodía que acompañada por la música se complementa de forma única y efímera.

El inicio Ir a la página: 34

El inicio

Apretás tan fuerte los párpados que una lágrima
cae por tu mejilla.

Por una fracción de segundo, el tiempo se
descompone y te sientes desorbitado.

Abrís los ojos para encontrarte con cinco
encapuchados mirándote detrás de sus antifaces,
antifaces que brillan como si tuvieran luz propia,
como si desprendieran energía.

—Sus…—los señalás.

—El tuyo también lo hace, Andrés—te interrumpe
Sol sacando un pequeño espejo de su bolsillo.

Coges el espejo con las dos manos y al hacerlo tus
brazos se sienten largos como los de Slenderman y
al pensar en ello un escalofrío te inunda.

buscás enfocar tu cara en el pequeño espejo
circular y al hacerlo se te para el corazón, tu cara,
escondida detrás de la capucha y el antifaz blanco,
no parece tu rostro, aquel reflejo podría ser
cualquiera menos tú, pero eres tú y aceptarlo se
vuelve tan difícil como escribir con la mano que no
dominás.

—No te pierdas—dice Sol sacándote el espejo de la mano y volviéndolo a guardar.

Te quedás expectante observando el movimiento de su mano metiéndose en el bolsillo y luego volviendo a su postura normal, al costado de su cuerpo.

Se escucha un golpetear en la puerta y Rey camina hacia ella.

Aparece un chico con el pelo violeta y la cara pintada de blanco con rayas negras como una cebra, o ¿es negra con rayas blancas?

Te perdés tanto en ese pensamiento, que apenás escuchas lo que dice, solo lo ves mover la boca, lenta, tan lentamente que lográs observar la saliva pegajosa formando pequeños hilos que van de un labio al otro… La imagen de sus labios te hace sentirte extraño, resecos como un desierto, tan rasgados que el movimiento recurrente de la lengua húmeda intentando hidratar, no dura más que un segundo.

Automáticamente sientes la boca pastosa y la extraña necesidad de tomar agua, mucha agua, ahora la boca reseca no es la del chico, es la tuya, relamés tus labios y nada, necesitás agua.

— ¡Quiero agua! —gritás tan alto que nuevamente todas las miradas se posan sobre ti al tiempo que Isa sonríe, ¿era Isa o Libertad? Ahora todos parecen iguales y te da lo mismo.

—Estás sentado sobre ella—te responde una de las chicas.

Sorprendido incluso con la idea de estar sentado sobre algo que no fuera un sillón, te levantás de un brinco y alzás el almohadón, dándote cuenta de que está sujeto a la tapa de una conservadora, la extraés del todo y tus ojos se iluminan, diez botellas con sus tapas brillando de azul, te saludan formando una carita feliz.

Sin pensártelo dos veces te tomás toda el agua de una de ellas y agarrás otra por las dudas.

Volvés a colocar la tapa-almohadón en su lugar y te das la vuelta.

— ¿Cuánto tiempo estuve tomando agua? — Le preguntás a la única persona que se quedó en la habitación.

—Solo un minuto—te responde Luz, usando un tono tan sexy que te cosquillea el miembro.

—Es una cantidad de tiempo, esto es una locura...

—¡Shh! — te interrumpe colocando su dedo índice sobre tus labios, sientes su sensualidad rondando todo su cuerpo, desprendiéndose de él como si fuera vapor—No importa el tiempo ahora…—lleva su otra mano hacia tu rodilla y comienza a subir.

Se te eriza la nuca, te sentís increíble, la magia del antifaz brillando combinado con lo carnoso de sus labios hacen que se te apetezca besarlos.

—Me gustás, Andrés, y no soy una mujer a la que se le pueda decir que no…—Sin previo aviso te empuja y caés sobre el sillón.

—Yo…

—No digas nada, cariño…—Se lanza sobre ti y se quita la capucha—solo déjate llevar–agarra tu pelo y te jala con fuerza hacia un costado, dejando tu cuello al descubierto.

—Luz…

—Eso es…—Pronuncia en un susurro junto a tu oreja—di mi nombre mientras te devoro, di mi nombre mientras te hago mío…

Vas a reaccionar, pero el contacto de su boca con tu cuello te hace perderte en el placer temeroso de haber sucumbido ante los deseos de una vampiresa.

Te encontrás allí, tirado en el sillón, con los ojos
hacia atrás como llegando al orgasmo sin hacerlo,
y te preguntás si así se será ser convertido en
vampiro. Sentís que te devoran, que tu cuerpo está
a merced de un depredador, te invade el pavor y el
deseo.

 Sucumbés ante el desprovisto movimiento de una
lengua en contacto con tu piel.

Todo sucede tal y como Luz quiere, ella te ordena
y tú la complacés, con tu lengua, con tu miembro
erecto cómo nunca, con tus dedos. La ves en ropa
interior de encaje que brilla como el antifaz; que
no se quita y eso te excita como nunca, te sientes el
protagonista de algún video erótico. Una máquina
de sexo capaz de dar el 100% de tus habilidades.

Lo hacen en posiciones que nunca habías hecho en
tu vida, otras que ni sabías que existían y otras que
no creías posibles.

Los dos desbordan sensualidad y placer, un placer
inacabable y constante, un orgasmo eterno sin
llegar a la eyaculación.

Por momentos te sentís ella, percibís tu penetración
como si fuerás las dos partes constantes, como si la

conexión entre los dos fuera algo medible, tangible, palpable…

Con solo lamerle el cuello sentís que se te extrémese la nuca. Sos la lengua y la piel, el hombre y la mujer.

Se rompen los tabúes, solo existe el sexo, solo existe el placer, el placer y el maldito LSD.

— ¿Que locura es esto? —decís volviendo a tomar agua.

—Aún no has visto nada Andrés, solo probaste un cuarto, imagínate lo que sería probar un medio, y ni hablar de uno entero ahí comienzan las alucinaciones, pero por ahora…—coge tu mano y te levanta la manga dejando al descubierto la pulsera que Alex te dio—estás en el nivel uno— señala y marca con su uña la primera ventana del faro, la que está encima de la puerta, luego te da una palmadita en la espalda y te empuja hacia la salida, cerrándola detrás de ti, sin siquiera darte tiempo a volver a agarrar la botella.

Te das la vuelta, para encontrarte con un pasillo oscuro en donde lo único que resplandece son dos tubos de luz negra colgando del techo como si estuvieran a punto de caerse.

El silencio te envuelve, te parece increíble lo bien insonorizada que está la habitación de la cual acabás de salir.

Das un par de pasos hacia adelante y al mirar hacia tu derecha, te das cuenta de la existencia de un inmenso ventanal que da a un rectángulo de concreto, sin techo, en donde habitan dos palmeras Pindó, separadas por sus respectivos canteros.

Las observás por una fracción de segundo hasta que volvés a depositar tu vista en el pasillo.

Lográs divisar al final del mismo un cartel con la palabra: «Salida» brillando de verde.

Te mirás las manos, el sudor sigue allí, te las limpiás en el pantalón, pero comprobás molesto que vuelve a emerger como si tus manos tuvieran pequeñas pérdidas de agua. Te deleitás con esta idea por un rato hasta que el sabor de Luz, viene a tus labios tan rápido que te estremecés con el goce.

Un escalofrío recorre tu cuerpo entero mientras avanzás.

Llegás al filo de la ventana y una extraña sensación recorre todo tu cuerpo ¿Cuánto te llevó llegar hasta allí? ¿Cuánto hace que estás caminando por ese pasillo? ¿Diez minutos? ¿Una hora? Pensar en esto genera que tu ansiedad se incremente y tu boca vuelve a sentirse pastosa. Pensás en retroceder, buscar la botella, pero descartás la idea, llevás tanto tiempo caminando por el pasillo que no soportarías retroceder.

Optás por seguir avanzando, esta vez incrementando tu velocidad, pero ves horrorizado, cómo el pasillo se va haciendo más y más largo, dejándote prácticamente en el mismo lugar.

Comenzás a auto-ventilarte, tu corazón se acelera haciendo de tus latidos, el único sonido audible.

Te pasás la mano por la frente para sacar el sudor, pero es una sensación tan asquerosa que llegás a detestarte por completo.

Sentís como tu remera se te adhiere a la piel, estás por entrar en un ataque de pánico, normalmente las crisis de ansiedad son cosas del día a día, pero en este momento, con el LSD haciendo lo suyo en tu cerebro, te sentís el doble de mal.

Necesitás volver a respirar con tranquilidad, dejar de sudar, y avanzar.

En un intento desesperado por despejar tu mente, mirás hacia el costado, una de las Pindó mese sus hojas y eso te hace prestarle atención al ventanal, es lo suficientemente grande como para pasar por él, quizás el aire fresco ayude.

—Tengo que controlarme…—decís quedándote
casi sin aire.

Atravesar el ventanal

Ir a la página: 43

Cerrar los ojos

Ir a la página: 47

Atravesar el ventanal

Sentís que se te cierra la garganta, necesitás a toda
costa tranquilizarte, te precipitás hacia el ventanal
y lo saltás.

Te recibe una pequeña brisa que parece colarse
entre el concreto para refrescarte solamente a ti.

Respirás hondo mirando el pequeño rectángulo de
cielo decorado por la copa de las dos pindós.

Entre ellas lográs divisar un par de estrellas, lo que
misteriosamente trae a ti una especie de serenidad
difícil de explicar, te sentís diminuto,
insignificante, tu cerebro intenta comprender el
concepto de «infinito» pero solo lográs escuchar
estática en tu mente.

Sonreís con la idea de no poder recibir la señal y
que tu mente se asemeje a un televisor sin antena.

De a poco, tu respiración vuelve a la normalidad.
Te sentás sobre uno de los canteros a meditar.

Intentás calcular el tiempo que llevás allí, pero no
lo lográs y para peor, al mirar tu reloj, recordás que
no lo cargaste la noche anterior y que ahora solo
sirve como decoración.

Cerrás los ojos dejando que el pequeño crujido de
las hojas meciéndose de apoco te tranquilice.

Al cabo de unos minutos que perfectamente pudieron ser horas, comenzás a escuchar el movimiento de dos palomas, y allí, con los ojos cerrados y la sensación de no estar físicamente en ningún lugar, lográs asociar tu imaginario, con el sonido inconfundible de pequeñas patas moviéndose entre las ramas.

Te sentís parte del lugar, como si la palmera, la paloma y tú, fueran la misma cosa, como si en sí, todo fuera un gran conjunto, pequeños engranajes de algo mucho más grande.

Lo que percibís desde la punta de tus dedos hasta la parte más recóndita de tu mente, es la sensación de extravío del ego, algo pequeño muere en ti, sentís su pérdida, su dolor, pero todo esto está vibrando en una frecuencia tan confusa que en tiempo humano solo dura una fracción de segundo.

Luego de eso te ves renacer.

Abrís los ojos.

En un acto inconsciente, llevás las manos hacia atrás, para sentir la tierra en el cantero, pero te sorprendés al percibir el tacto del cuero, girás la cabeza sorprendido, allí se encuentra un cuaderno forrado de cuero oscuro. Lo agarrás y comenzás a hojearlo, todas las páginas están en blanco, salvo una, a la mitad, dividida en dos por una cinta roja.

Forzás tu vista para lograr leer lo que dice:

20 de setiembre 2018

«Sentí el calor de la luz diurna de las estrellas, allí,
acostado sobre el pavimento, con la conciencia
alterada y la mirada perdida en el oscuro pero
iluminado cielo, todo parecía disolverse a mi
alrededor, y yo no podía hacer más que admirar,
puntos blancos por doquier, puntos blancos que
vienen y van y yo quieto, estático, con los brazos
extendidos sintiendo el concreto por debajo, mi
corazón acelerado ante el descubrimiento de lo
vulgar transformado en nuevo.

Respirar era sentirme en armonía, fundirme con el
universo, con las cosas, con el todo, y ante esas
revelaciones de que en realidad no somos unitarios
sino una partícula dentro de otra más grande uno
no puede hacer más que sonreír, sonreír y llorar,
porque somos tanto en tan poco y tan poco en
tanto...»

Tu respiración se serena, tus manos no sudan, una
sonrisa se deposita en tus labios.

Tocás la palmera en son de agradecimiento y
volvés a cruzar el ventanal.

Como si nada, caminás hasta llegar al cartel de
salida, debajo del mismo hay una puerta oscura
con un espiral blanco pintado en su centro.

Suspirás y te disponés a entrar.

Continuar

Ir a la página: 50

Cerrar los ojos

Apretás tus párpados con la misma fuerza con la
que cerrás tus manos convirtiéndolas en puños.

Tu respiración agitada, sumada con el latir
acelerado de tu corazón, no te permite pensar con
claridad.

—Tengo que tranquilizarme—le decís a la nada
con los ojos cerrados—estoy bien—pronunciás,
pero sabés perfectamente que mentís.

La verdad es una, y por más que la niegues sigue
volviendo, te sentís morir, todo tu cuerpo parece
estar consciente de este hecho.

No hay nada que pueda matarte en el pasillo en el
que estás. Pero tu mente, tu mente ansiosa, prepara
tu cuerpo para lo peor, te hiperventilas, sudás como
un condenado.

— ¡Quiero que pare! — Gritás, pero tenés la
garganta tan seca, que apenas se escucha un
susurro.

Volvés a abrir los ojos, en tu mente se libran
batallas de pensamientos punzantes: «te dije que
no consumieras» « ¿Qué mierda haces acá?» «Te
vas a morir por imbécil»

— ¡Basta! —Gritás cansado de tus pensamientos pesimistas—se me va la vida por el maldito miedo, nunca hago nada por miedo al porvenir, ¡a la mierda con todo! —Afirmás con fuerza y comenzás a caminar—el pasillo no es infinito, es mi ansiedad la que lo hace así—hablás como si alguien estuviera allí contigo.

Acelerás tu andar, comenzás a correr, el pasillo se aleja más, pero eso no te detiene, con los puños apretados, el ceño fruncido y el rostro sudado seguís avanzando.

— ¡No eres infinito! — Gritás con todas tus fuerzas y corrés.

Seguís corriendo con los ojos cerrados, contás para tus adentros: «5...4...3...2...1» abrís los ojos y estirás las manos en el momento justo en que tu cuerpo choca contra la puerta.

Te duele el hombro, pero estás feliz.

Lograste vencer el pasillo, pero más que nada, lograste vencerte a ti mismo.

Te quedás en silencio a la espera de algún otro pensamiento, pero nada, las voces interiores se callaron, por fin, luego de tanto tiempo.

Te sentís con la fuerza necesaria para admitir, que el único culpable de tu ansiedad, sedentarismo y exceso de control, eres tú.

No hay más voces en tu cabeza, solo una, la tuya.

Te secás el sudor y te preparás para abrir la puerta.

Continuar

Ir a la página: 50

Continuar

«Un triángulo de constelaciones» este es el primer pensamiento que viene a ti luego de atravesar la puerta, nunca habías estado en una habitación triangular y mucho menos en una como en la que te encontrás ahora.

Las paredes son negras, pero pequeñas salpicaduras de blanco por todos lados son resaltadas por un tubo de luz UV-A, colgado del techo.

«Una pequeña porción de universo» ahí hay otro de tus pensamientos ocurrentes que intentan explicar la magnificencia de lo que ves.

Das un par de pasos hacia adelante y te encontrás con dos puertas, una a la izquierda con la leyenda: «La vida sin música sería un error- Nietzsche» y la otra a la derecha con la leyenda: « ¿Cuántas vidas te llevará cruzarlo? -anónimo»

Izquierda

Ir a la página: 57

Derecha

Ir a la página: 51

Derecha

Al atravesar la puerta ves un pasillo largo y oscuro, con una alfombra roja que divide a 12 personas en dos grupos de 6. Todas poseen lentes de realidad virtual y guantes, mientras, Rey, con su peculiar traje de Guiador y su antifaz amarillo, camina hacia ti.

—Créeme amigo mío, no te arrepentirás de haber cruzado esa puerta.

— ¿Qué se supone que es esto? — le preguntás observando como las personas gritan, ríen, saltan, se agachan, simulan disparar o usar espadas.

Con solo verlos sientes la adrenalina.

—Esto—extiende sus manos hacia los lados entonando una sonrisa en su rostro—es mi mundo virtual— dice y una canción de Dubstep comienza a sonar.

No podés evitar contagiarte con su alegría, a vos también te encantan los videojuegos.

—Definitivamente quiero probarlo.

—Pasá por aquí osado amigo—te responde dándose la vuelta.

Lo seguís hasta el final del pasillo, lográs divisar una terminal de juego esperando por ti.

Te colocás los guantes, y te quedás esperando que Rey te ayude a colocarte los lentes.

—Agáchate un poco, no soy tan alto—te dice de forma alegre.

—Sí, disculpa— le respondés impaciente al tiempo que inclinás la cabeza para que Rey pueda colocarte el artefacto.

La oscuridad inunda tu campo de visión mientras Rey termina de ajustar los lentes detrás de tu cabeza.

—Listo— escuchas que dice a tus espaldas.

—Me encanta que haya una sala de juegos en el medio de un baile—le decís para romper el hielo.

Sientes la mano de Rey sobre tu hombro.

—El faro es mucho más que eso…Bueno, amigo, Espero que estés listo porque voy a encender esta mierda—Dice y antes de que puedas responderle aparece un punto luminoso a la distancia y tus oídos se cargan de una extraña melodía.

— ¡Se me olvidó decirte! —Escuchás su voz por sobre la música— estás sobre una caminadora, para avanzar en el juego solo tenés que mover los pies.

— ¡Okey! — gritás, pero apenas llegás a oírte.

Das un paso hacia adelante y la única diferencia
que notás es que el punto luminoso se hace más
grande.

Sintiendo la caminadora debajo de tus pies, seguís
avanzando y mientras lo haces el punto luminoso
comienza a estirarse, sus rayos llegan hasta tus
ojos como una claridad cegadora.

En determinado momento la música ambientadora
cambia, ahora parecen sonidos sacados de una
película de terror.

Comenzás a sentirte nervioso, el punto a la lejanía
se transforma en una estela de luz que parece
perderse de forma vertical en la infinita oscuridad.

Acelerás el andar, la luz vuelve a convertirse en
una esfera de luz blanquecina a la distancia.

De repente dejás de caminar, escuchás como si
alguien estuviera arrastrando un metal contra el
suelo detrás de ti, girás la cabeza con rapidez, pero
solo te encontrás con la oscuridad.

Se te aceleran las pulsaciones, las manos
comienzan a sudarte dentro de los guantes.

La música es cada vez más aterradora.

«Solo es un juego» te decís volviendo a mirar la
luz.

Suspirás y seguís avanzando.

—«1-2 Freddy viene por ti…»—escuchás que
canta una voz de niña — «…3-4 cierra la
puerta…»—la voz se escucha cerca y detrás.

Se te congela la sangre, reconocés la canción, es de
la película «Nightmare on Elm Street» Película que
solía hacerte tener pesadillas cuando tocaba cine de
terror en la casa de Alex.

—Freddy Krueger—decís recordando y te
estremecés al sentir una mano en tu espalda— ¡Sos
un imbécil, Rey! —Chillás sin poder contenerte y
sin obtener respuesta.

—«…5-6 coge un crucifijo…»—canta la niña
tétrica y algo cae ante ti, haciéndote saltar del
susto, escuchás tan claro el repicar del metal contra
el suelo que te cuesta creer que no sea real.

Te agachás y recogés el crucifijo con tu mano
izquierda y la música cambia, ahora parece como
si alguien con cero conocimientos musicales
estuviera tocando un violín.

— «…7-8 mantente despierto…»—Se te
eriza la piel al escuchar la voz de la
niña susurrándote en el oído izquierdo,
girás la cabeza con vértigo al tiempo
que el crucifijo comienza a arder.
— «…9-10… ¡nunca más dormirás!» —
Te girás hacia atrás y notas una silueta,

que te hace correr hacia la luz que poco
a poco comienza a hacerse más grande,
no parás, seguís corriendo, escuchás
pasos que te persiguen, ruidos de
cadenas, de metales raspándose contra
el suelo, el crucifijo en tu mano te
permite divisar un sendero escabroso
de adoquines húmedos.
Estás por llegar a la luz.

— ¿Tenés miedo, Andrés? —Te pregunta una voz
distorsionada— ¿Por qué no venís conmigo? ¡Solo
quiero jugar!

Seguís corriendo, la luz que seguías desaparece,
pero el fuego del crucifijo te permite distinguir un
pasillo estrecho de enredaderas que se bifurca un
poco más adelante.

— ¡Quiero que juegues conmigo, Andrés! —
Escuchás la voz cada vez más cerca y fuerte, es la
misma voz que la de las películas y el hecho de
que sepa tu nombre te hace sentirte completamente
aterrado, solo quieres salir de allí, que se termine,
doblás a la derecha.

— ¡Te tengo! —Grita frente a ti al tiempo de que
chocás contra algo y caés al suelo de una forma tan
brusca que se te salen los lentes.

Rey te mira con una sonrisa en los labios.

—Es genial ¿no? —Te pregunta extendiéndote la mano.

Te quedás un segundo intentando asimilar lo que acaba de pasar, tragás saliva.

—Se sintió todo muy real...—Le decís llevándote la mano al pecho para tranquilizar tu corazón.

—Es la magia del «LSD» chico—te responde agarrándote la mano para ponerte de pie—tenés los sentidos al máximo, lo que, combinado con una buena tecnología, puede hacer milagros.

—Que locura, tengo la boca seca.

—Toma—te extiende una botella con agua que no dudás en devorarte, al sentir el agua bajar por tu garganta, te terminás de tranquilizar.

Izquierda

Ir a la página: 57

Izquierda

Música electrónica, luces, reflectores, personas
bailando, moviendo el cuerpo de forma frenética,
solos, en grupos, algunos disfrazados de
unicornios, otros con cabezas de caballos, algunos
no llevan camisa, muchos están pintados de flúor.
Tu cuerpo vibra, la música lo provoca, el dj se
encuentra del otro lado de la inmensa sala, sobre
una tarima, su nombre puede leerse sobre una
pantalla gigante que lo va combinando con
diferentes imágenes psicodélicas.

Por un minuto te quedás allí, junto a la puerta,
observando todo, hay tanta gente en movimiento
que tu atención es captada por muchos puntos
consecutivos.

Tus ojos parecen desquiciados, yendo de aquí para
allá, depositándose en una chica que al parecer
baila con su novio y se contornea como si fuera
una bailarina de antro. Un grupo de chicos bailan
de forma idéntica formando un círculo en torno a
una mochila.

Tu pie izquierdo comienza a seguir el ritmo, es
algo difícil de controlar, sentís algo semejante a
pequeñas cuerdas invisibles como las que permiten
el movimiento de una marioneta, pero esta vez se

ciernen sobre ti, te jalan, al principio de forma sutil
y luego con más fuerza.

Pestañeás y para cuando te das cuenta, tus brazos
comienzan a moverse de forma frenética, estás
bailando.

¿Hacía cuánto que no ibas a bailar? ¿Dos, tres,
cinco meses? ¿Cómo habías podido olvidar lo bien
que se sentía?

La música electrónica, siempre te apasionó, te
encanta la forma que tiene de poner tu cuerpo en
movimiento, siguiendo las órdenes hipnóticas del
dj.

Cerrás los ojos y sonreís, te es imposible el no
sentirte feliz.

— ¿Quién puede estar triste en un lugar así? —
preguntás a la nada, aún con los ojos cerrados.

—Espero que nadie—La voz de Libertad te
sorprende y te hace abrir los ojos.

Allí está ella, con su voz dulce y su rostro
escondido detrás del antifaz flúor.

—Ven, te enseñaré algo—Te dice, acercando sus
carnosos labios a tu oreja para que la puedas
escuchar por sobre la música.

Le agarrás la mano y sentís su calor, mientras avanzan volvés a detestarte por tus manos sudadas y asquerosas.

— ¿A dónde me llevás? — le preguntás para romper el hielo.

—El faro te guía, ¿recordás? Te llevo a la Zona VIP.

Atraviesan toda la masa de gente con total normalidad, al parecer sus caperuzas y máscaras son un símbolo de respeto para todas aquellas personas, muchos dejan de bailar solo para señalarlos, en sus miradas lográs ver ese brillo característico en los ojos de un fan que por fin está cara a cara con su ídolo.

Te cuesta creer que Alex, el chistoso, imperativo y desprolijo Alex, haya creado un lugar tan bien pensado, complejo y famoso.

Cuando tu mejor amigo te invitaba a sus fiestas siempre solías poner excusas, nunca fuiste bueno para socializar, y tenías miedo a hacer el ridículo en frente de sus amistades. No querías que Alex te mirara mal o que por algún mal entendido dejaran de ser amigos.

Pero todo eso era con base en lo que te imaginabas que representaba ir a una de sus fiestas, en su casa, con la música fluyendo a través de un pequeño reproductor de música, quizás con una pantalla de 32 pulgadas reproduciendo la «Tomorrowland» de ese año.

Siguen avanzando, el lugar parece ser inacabable, lo que te da tiempo para seguir dentro de tus pensamientos.

Nada de lo que Alex te decía te permitía hacerte a la idea de que sus fiestas habían alcanzado tal magnitud y, de hecho, esto te alegra puesto que, si te sinceras contigo mismo no creés que de haberlo sabido, te hubieses animado a participar.

—Ya estamos por llegar—te dice Libertad y toman un sutil desvío hacia la derecha.

Volvés a estar presente en el mundo real, sentís el calor de la multitud, sus miradas, el ritmo de la música llegando hasta el centro de tu cuerpo y haciéndolo vibrar como la lonja de un tambor.

Llegan hasta una escalera custodiada por un hombre musculoso, vestido de negro que al verlos llegar se hace a un lado asintiendo con la cabeza.

Suben hacia una pequeña tarima en donde hay
varios sillones en distintos tonos de colores flúor;
rojo, violeta, amarillo. Casi todos están ocupados
por parejas que se besan apasionadamente mientras
sus manos recorren el cuerpo del otro como un
ciego leería un libro en braille.

—Aquí—te dice y se sienta en el sillón que
resplandece de rojo.

Sin pensártelo dos veces te sentás a su lado, estás
tan cerca de ella que lográs divisar que debajo de la
caperuza sus piernas están descubiertas y lo único
que decora su pelvis es una lencería de cuero que
te hace sentir vértigo.

—Esto es increíble—le decís intentando retirar tu
mirada de sus curvas.

—Sin duda lo es, Alex tiene un gran ojo para crear
mundos.

—Sin lugar a dudas—respondés embobado por sus
labios brillantes—tenés una sonrisa muy bonita—
le soltás a modo de piropo.

—Gracias…—no lográs ver si se sonroja o no,
pero por el tono que utilizó al agradecer prefieras
creer que sí.

—Andrés…

—Soy todo tuyo…—Te sonrojás al escucharte—
todo oídos, todo oído quise decir.

Libertad te da un empujón cariñoso.

—Que tierno eres—te dice y sonríe—tengo algo
para ti— abre su caperuza, dejando al descubierto
un sostén de cuero, mete su mano entre uno de sus
pechos y tu corazón comienza a acelerarse como
nunca, pero antes de que tengas que cambiar de
posición para que no se note tu erección, Extrae
una pequeña bolsa repleta de pastillas de distintos
colores y formas.

—Alex me dijo que eres un caso perdido, que ni lo
intentara porque dirías que no, pero…—Te guiña
un ojo—no soy muy buena siguiendo consejos,
además, no puedo saber que estuviste aquí y no
viviste la experiencia completa.

— ¿Qué es eso? —Preguntás extendiendo la mano
para que Libertad te coloque una pequeña pastilla
en forma de corazón.

—«MDMA» «éxtasis» «una pasti»

—Ah…—Respondés dubitativo recordando una
serie de Netflix que hablaba del tema.

—No voy a obligarte si no querés, pero te aseguro
que, de hacerlo, no te vas a arrepentir, te cuento,
cuando uno consume ácido y MDMA se produce
un efecto conocido en el «mundo under» como:

«Candy Flip» y es sin lugar a dudas, la mejor combinación que existe para vivir al máximo una fiesta electrónica de esta magnitud. Si decidís hacerlo prometo guiarte en el proceso, si no, te dejaré tranquilo para que disfrutes de lo que te queda del viaje.

Dejás de mirar a Libertad para depositar tu vista en el corazón de éxtasis que sostenés en tu mano.

—Sin presiones, vos decidís.

Negarse

Ir a la página: 64

Aceptar

Ir a la página: 68

Negarse

Luego de mirar la pastilla por unos minutos,
decidís negarte.

—Esto no es para mí—le devolvés la pastilla
haciendo que la sonrisa de Libertad desaparezca.

—Quien lo diría, Alex tenía razón—te dice en tono
desilusionado—bueno, Andrés, espero que
disfrutes lo que te queda del viaje—te da un beso
en la mejilla y se pierde entre la multitud.

Permanecés sentado en el sillón por un par de
minutos más, sin pensar en nada, solo escuchando
la música, disfrutando su ritmo como un aficionado
disfrutaría de una orquesta sinfónica.

Luego de un rato te levantás, tenés ganas de
acercarte más al escenario, de bailar al igual que
toda aquella gente.

Te adentrás en la multitud con paso apresurado,
pero sin perder la vista en todo lo que sucede a tu
alrededor, es como si de repente aquel extraño que
confundía tu mente, comenzara a marcharse de a
poco.

Tus manos ya no sudan como antes, y aunque
disfrutás de la música como nunca, a medida que

avanzás hacia el escenario, sentís tu cuerpo cada
vez más cansado, incluso un bostezo se escapa de
tu boca haciéndote parar con el andar.

De pronto, a medio camino, caés en la cuenta de
que nuevamente eres tú, ya no sentís el cosquilleo
en la nuca, y la sonrisa ya no es tan prominente en
tus labios.

—Disculpa—interceptás a una pareja que venía de
paso con un celular en la mano—ambos, chica y
chico, te miran sorprendidos, aquel brillo de
fanatismo aparece en sus ojos.

—Eres un guiado—te dice la chica con una
sonrisa— ¿Podría sacarme una foto contigo?

Asentís y los dos te abrazan con fuerza haciendo
aparecer un fugaz flash de cámara.

— ¿Me podrían decir que hora es? —lográs
preguntarles antes de que se vayan.

—Enseguida, amigo—el chico mira su reloj—van
a ser las 7 de la mañana.

—Gracias—no hay de qué.

Observás a la pareja marcharse y pronto no son
más que dos cabezas dentro de tantas, tantas que
parecen un mar de cabelleras y lentes de sol.

Volvés a bostezar y te das la vuelta, volviendo a
poner marcha hacia el escenario en donde el dj
parece estar sumergido en su propio mundo,
sabiendo que no solo controla la música y las
luces, sino también el movimiento de todos
aquellos cuerpos que te rodean.

Con cada paso, comenzás a sentir una extraña
sensación de unidad, entre el dj, las personas y vos
mismo. Caminás entre la masa, sintiéndote «*El
Hombre de la multitud*» *(del cuento de Edgar
Allan Poe)* al pensar en esto, un extracto del cuento
viene a tu mente recitándose en tu interior con la
voz propia de un narrador:

«…Cuando las sombras del segundo atardecer
fueron apareciendo yo ya estaba muerto de
agotamiento y, deteniéndome justo delante de
aquel errante personaje, lo miré fijamente a la cara.
No se percató de mí, sino que continuó su solemne
caminata mientras que yo, abandonando ya su
persecución, me quedé contemplándolo absorto…»

—…Contemplándolo absorto…—Repetís en voz
alta al llegar a la parte final del escenario y
descubrir, que aquel dj tan especial, no era ni más
ni menos, que tu mejor amigo, Alex.

PRIMER FINAL.

***

Aceptar

Ir a la página: 68

Aceptar

Mirás la pastilla en forma de corazón por varios segundos, sentís tus palpitaciones acelerándose, cerrás los ojos y te la metés en la boca. Su sabor es amargo, espantoso.

Estas a punto de escupirla cuando Libertad te entrega una botella de agua, y tal cual lo haría una persona en el desierto, destapás la botella y vertés su contenido por tu garganta de un solo trago.

Tirás la botella al piso al terminar.

—Tiene un sabor horrible—le recriminás con los ojos llenos de lágrimas.

Libertad sonríe.

—Sí, bueno, la verdad también suele ser amarga y no por eso dejás de escucharla—se pone de pie y te extiende la mano—vamos, te presentaré a un grupo de amigos…

—Yo…—tartamudeás aun con aquel sabor amargo bajando por tu garganta.

—No vengas con tus peros, acabaste de consumir éxtasis, ahora estás a mi cargo.

Te coge la mano y te levanta de un tirón.

Libertad te arrastra hasta el medio de la pista de baile, en donde un grupo de más de quince personas se congregan, bailando en círculo sobre un montículo de mochilas de todos los colores y tamaños.

—Veo que trajiste a un «guiado»—dice un chico de melena rubia con cierto tono de recelo en su voz.

—Así es Diego, y está a mi cargo, así que ni pienses en mandarte alguna de las tuyas, porque en donde el «Faro» se entere, te aseguro que el no poder entrar aquí, va a ser uno de tus menores problemas.

— ¿A caso me estás amenazando? —le responde en tono hostil dejando de bailar y acercándose hacia ella con demasiada aprensión.

Te interponés en su paso antes de que llegue.

— ¿Tenés algún problema, imbécil? —le espetás en la cara.

Ves como su puño se cierra y te preparás para un enfrentamiento cuerpo a cuerpo.

« ¿De dónde te salió tanta valentía?» te pregunta una de tus voces interiores, pero rápidamente la acallas.

—No… no pasa nada—te responde Diego y luego
de dedicarle una mirada despectiva a Libertad, se
marcha del grupo.

—Gracias, nadie me había defendido de esa forma.

—No es nada—le respondés restándole
importancia—no soporto a los musculosos
machistas.

—Todos en la ronda ríen, haciéndote consciente de
que el grupo estaba atento a todo lo sucedido.

—Bailemos un poco—propone y vos asentís.

Ambos se colocan en el espacio que Diego dejó
libre y comienzan a menear el cuerpo imitando el
paso colectivo que al parecer se había puesto de
moda en el círculo.

De aquí para allá, de allá para acá, lento, rápido,
hacia arriba, saltando, bajando, despacio, rápido.
Es difícil describir tu cuerpo en movimiento
cuando el mismo es interactivo e intranquilo.

Tus manos son semejantes a serpientes, cuerdas,
olas. Tus caderas tienen más motricidad e incluso

tu pecho logra despegarse de tus hombros para mejorar su movimiento.

Estás fascinado por esta sensación de bienestar que te brinda bailar sin una regla establecida, solo poniendo el cuerpo en movimiento, siguiendo un ritmo fijado por un dj.

—La «MDMA» fluye mejor cuando te ponés en movimiento— te dice Libertad al coger tu mano para ponerse delante de ti— ¿Sentís el cambio de estado?

—La verdad es que…—Vas a responder que todavía no sentís nada diferente a lo que venias sintiendo, pero te callás al ver cómo el cuerpo de Libertad se congela por un momento y luego, quizás por una fracción de segundo se mueve tan, pero tan lento que lográs ver claro cuando su contorneo cambia justo en el momento en el que la música impone otro ritmo— lo siento ahora…

Al escucharte, se da la vuelta, desprendiendo su caperuza con un movimiento preciso, la ves deslizarse por su cuerpo y caer al suelo, dejando ante ti…

Tragás saliva, es hermoso, no solo porque sea un cuerpo femenino y lleves una erección del tamaño de un pino, sino porque el movimiento, el roce de su cuerpo, acelera el corazón de una forma tan extrañamente hermosa que es imposible intentar explicarla, simplemente son demasiadas sensaciones, demasiados paradigmas.

Comenzás a seguir su ritmo, te pegás a ella y la sensación solo es comparable al placer que da ver cómo bañan de chocolate a un bizcochuelo.

Te sentís dulce, extremadamente dulce.

Libertad agarra tus manos y las entrelaza entre las suyas, todos aplauden. Su cuerpo solo es cubierto por la lencería de cuero.

El calor de su cuerpo, el aroma a perfume caro…

—Esto es…—Te mordés el labio mientras tus manos y las de ella se alzan al tiempo que sus cuerpos se contornean.

Tus ojos se cierran, como cuando estás alcanzando el clímax, sentís que se te dan vuelta por momentos. Mariposas en la panza revolotean nerviosas como si estuvieras enamorado.

Amor, amor por todos lados, eso es lo que sentís, todo desprende amor, cariño y confianza.

Sentís que todo allí es posible, que te encontrás en el mejor lugar del mundo.

Ese dj, sabe cómo hacer mover a las masas.

— ¡Que locura! —Gritás y todos se unen a tu grito.

— ¡Una locura! — Te responde de forma eufórica la chica que tenés enfrente, detrás del tumulto de mochilas.

—Esto es lo mejor…—dice el chico que se encuentra masajeando su nuca con las dos manos mientras permanece con los ojos cerrados.

«Nada puede salir mal» te dice una de las vocecitas en tu cabeza «déjate llevar» susurra otra «esto es el paraíso» escuchás que se abre paso otra voz casi que al mismo tiempo… «O el infierno» esto te deja confundido.

Seguís bailando, pero ahora con los ojos abiertos, algo pasa en un grupo conjunto, algo pasa entre la multitud perdida en sus respectivos mundos.

Una sensación agria sube por tu garganta y recorre cada parte de tu cuerpo opacando el placer, comenzás a sentir nervios, temor, te sentís acorralado… «No, no eres tú, es ella la que se siente así»

La voz en tu cabeza tiene razón, la chica que estás viendo siente todo lo que tú sentís y sabés por qué.

Al parecer, Diego… el maldito Diego, está haciendo de «las suyas» junto con un grupo de amigos, tienen a una chica atrapada en un círculo de a cuatro, la besan entre todos, la toquetean, se ve que al principio a la chica le gustó, pero luego sintió la verdad.

Estaba siendo utilizada, ves como intenta salirse del círculo, pero ellos la detienen, la besan, la tocan, la confunden.

Están abusando de ella, y eso es algo que te hace sentir rabia, apretás las manos fuerte y dejás de bailar, Libertad lo nota y abre los ojos.

— ¿Qué te pasa? —Te pregunta, pero antes de que puedas responder, ella también lo ve— mierda, es el imbécil de Diego haciendo de las suyas.

Libertad recoge su caperuza y se la vuelve a colocar.

—Espérame aquí.

Ir con ella

Ir a la página: 75

Quedarse

Ir a la página: 79

Ir con ella

—De ninguna manera—le respondés de forma decidida.

—Me gusta tu actitud, eres igual a Alex, ahora entiendo por qué son amigos—te sonríe por un momento, pero luego sus labios vuelven a ser una línea firme y decidida.

Libertad mete la mano en su corpiño y saca una especie de medalla en donde hay un ojo dibujado, extiende la mano hacia arriba y comienza a caminar.

Las personas al verla dejan de bailar y se hacen a un lado, al parecer aquel ojo atrapado en la medalla es algo así como una placa de policía.

Rápidamente se hacen paso hacia donde Diego se encuentra y de un empujón, Libertad se coloca dentro del círculo, haciendo que los cuatro chicos se aparten un poco.

— ¿Qué mierda querés ahora? — Le espeta uno de los chicos.

—Solo nos divertíamos un poco—dice otro.

—Que te lo diga ella… ¿verdad, Sofía, que solo nos divertíamos? —Le pregunta a la chica intentando agarrarle la mano.

—Yo…—dice la chica de forma tímida.

—Tu no tenés que decir nada—le responde
Libertad dándole un fuerte abrazo y alzando la
muñeca de la chica.

—Por favor Diego, es una cinta blanca, sabés que
es en contra de las reglas.

—Ellos son cinta amarilla—se defiende
rápidamente—yo solo bailaba, respeto mi color—
dice señalando su muñeca en donde una pulsera
negra con un faro blanco se depositaba.

—Y yo soy ciego—le respondés con toda la rabia
del mundo—vi como la chica intentaba apartarse
del grupo y tú la empujabas de nuevo hacia el
centro, ¡maldito enfermo!

— ¿Y este quien se cree que es? ¿Te pensás que
porque usas esa caperuza y ese antifaz me
intimidás? Aquí yo soy más que un simple y
repulsivo guiado de mierda, y si la zorra esa se
presta para que hagamos de ella lo que queramos,
¿Qué puedo hacer? ¿Ir en contra de mis instintos?

— ¿Por qué mejor no vas en contra de esto? —le
preguntás, seguido de un golpe en la nariz.

Todo pasa demasiado lento para ti y a su vez
rápido para todos, el cae hacia atrás a causa de la
sorpresa, te abalanzás sobre él utilizando todo tu
cuerpo y lográs tirarlo al suelo.

Descargás sobre su rostro una cantidad incontable
de puñetazos e insultos, en donde dejás claro que
las personas como él te dan asco y repulsión y que
si por ti fuera lo matarías allí mismo.

Sentís dos manos jalándote por los hombros y
antes de que te des cuenta, te apartan de Diego.

Libertad se pone entre medio mientras él se
levanta.

— ¡Ya se terminó! —Grita, pero es acallada por un
cachetazo provisto por la mano de Diego, quien
luego de apartarla y lanzarla contra la multitud, se
vuelve a lanzar sobre ti.

Intentás moverte, pero las manos que te apartaron
no están de tu lado, así que recibís su furia por todo
el cuerpo, sentís cada golpe como si fueran dados
con una piña americana.

El dolor se torna insoportable, no creés poder
aguantar mucho más.

Entonces, cuando ves claramente cómo un puño se
va a estrellar contra tu ojo izquierdo, un sonido
agudo y punzante, comparado al producido al
arañar un pizarrón, extrémese a todos.

El dj lo causó, cambió el ritmo por una sátira de
sonidos difíciles de soportar, todos allí se llevan las
manos a los oídos, incluso tú. Que te encontrás
tirado en el suelo en posición fetal.

Al cabo de unos minutos los sonidos ceden y
lográs ver cómo dos gigantes guardias de
seguridad se llevan a Diego, no sin antes dejar que
Libertad le diera una patada en sus partes y le
arrancara la pulsera, prohibiéndole el ingreso al
faro para siempre.

—Gracias por salvarme—te dice Sofía, ayudándote
a levantarte para luego darte un fuerte abrazo—el
mundo necesita a más personas como vos.

Le correspondés el abrazo, y mientras lo hacés,
alzás la vista hacia el escenario, allí, con todo el
esplendor que puede proporcionar una pantalla
gigante, ves el rostro de Alex, y brillando sobre su
cabeza una leyenda: «El faro te guía, el faro te
cuida, tu eres el faro»

SEGUNDO FINAL

***

Quedarse

Ir a la página: 79

Quedarse

Asentís, expectante.

Libertad extrae de su bolsillo una medalla del
tamaño de una palma, con un ojo dibujado en el
centro.

La extiende por encima de su cabeza y con la otra
mano manda un mensaje a través de su celular.

Solo el grupo en el que te encontrás parece haberse
dado cuenta de la situación, el resto de la gente
sigue con su movimiento frenético y la música
continúa haciéndote vibrar el alma, incluso Diego
y su grupo siguen con lo suyo.

En un momento determinado, mientras un dron
oscuro se coloca encima de Libertad y una de las
luces la ilumina, tu mirada se encuentra con la
mirada envuelta en pánico de la chica. Sentís el
pedido de ayuda a través del fuego de sus iris.

Desviás la vista hasta Libertad y vez que la chica la
sigue.

La silueta de caperuza roja ahora es el foco de
atención de varias personas.

El dron la proyecta en la inmensa pantalla detrás
del dj mientras avanza hacia ellos.

La soltura, y el temple con el que Libertad camina
manteniendo en alto la medalla y con todas
aquellas miradas observándola, te parece increíble.

Todos respetan ese símbolo y se corren para
dejarle paso.

Pronto una persona le dice a la otra y así se va
creando un camino.

Las masas se separan en dos, como las aguas del
Mar Rojo dejándoles paso a los judíos.

El dj sigue con la música, pero ya nadie parece
tener ganas de bailar, todos observan la pantalla, el
momento. La multitud espera.

La tensión se percibe en el aire.

Libertad llega al grupo de chicos, los empuja y se
mete dentro del círculo, abraza a la chica.

No lográs escuchar lo que dicen, pero Diego
parece enojado. Se ve que levanta la voz, le grita a
Libertad, pero ella solo sonríe, Diego la empuja,
ella le devuelve el golpe con una cachetada y un
arañazo en la mejilla.

Enfurecido intenta abalanzarse sobre ella, pero las
personas que están detrás lo detienen, él forcejea,

Libertad se acerca a su rostro, lo escupe y con un movimiento rápido le arranca la pulsera negra con el faro blanco.

Lágrimas de rabia brotan de los ojos de Diego, sigue forcejeando. Pero Libertad le da la espalda, vuelve a abrazar a la chica y comienza a caminar de nuevo hacia el grupo, por el camino creado en la multitud que ninguno se animó a romper.

El dron ahora enfoca a Diego, que forcejea con la multitud hasta liberarse, pero por muy poco, el hombre musculoso de la zona VIP lo coge por el hombro y se lo lleva. Todos aplauden. Vuelve a aparecer el faro en la pantalla con una leyenda: «El faro te cuida, el faro te guía, tu eres el faro»

TERCER FINAL

***

Cofre con 1/2

Ir a la página: 82

Cofre con ½

Todas las miradas están depositadas sobre ti, tragás saliva, te limpiás el sudor de las manos sobre el pantalón y luego agarrás el cofre del medio.

—Un medio—dice Alex negando con la cabeza.

— ¿Lo creés listo para el Nivel Negro? —Notás que Isa le pregunta a Alex con cierto tono de preocupación.

Aún conservas el cofre en tu mano dubitativa.

La chica con el antifaz rojo como su caperuza, se sienta junto a ti.

—Andrés—pronuncia tu nombre con suma calma y ternura.

— ¿Ustedes no dijeron que podía elegir? —Te defendés al sentir tanta presión sobre tu decisión— si lo que querían era que eligiera el primero, ¿Por qué no pusieron un solo cofre?

—No nos malinterpretes, eres libre…—La chica junto a ti sonríe.

—Y Libertad te lo está diciendo—dice Rey con una sonrisa.

—Lo que pasa…—Agrega Alex—es que queremos que estés seguro, el nivel de la mente y el del alma pueden ser una verdadera pesadilla si lo que estás buscando es un poco de diversión terrenal.

— ¿Diversión terrenal?

— ¡Fiesta! — grita Sol

— ¡Videojuegos! — Le sigue Rey.

— ¡Sexo! — Chilla Luz y todos la quedan mirando.

Bajás la mirada hacía el cofre.

—Solo quiero que tengas un buen viaje An—la voz de Alex llega a tus oídos, su tono es tranquilo—podés iniciar con el primero y luego volver aquí cuando lo desees y ya hayas tenido un primer encuentro con el «Extraño», o si te sentís listo, podés seguir por este camino, eso ya depende de ti.

Cofre con ¼

Ir a la página: 30

Seguir adelante

Ir a la página: 84

Seguir adelante

—Quiero continuar con… El nivel negro ¿Por qué lo llamaron así? — Le preguntás a tu mejor amigo al tiempo que abrís el cofre encontrándote con una caja más chica y brillante.

—Eso, amigo mío…—Camina hacia la puerta y la abre—vas a tener que descubrirlo tú—hace una reverencia y se marcha.

Lentamente, sin decir nada, todos comienzan a seguirlo y justo cuando creés que te vas a quedar en soledad, Sol, cierra la puerta y camina hacia el reproductor de música para cambiar el género. Luego del sonido de aves y agua, comienza el «PsyTrance»

Sonreís con la cajita fluorescente y el cofre en la mano.

Sol se da la vuelta y comienza a caminar hacia ti con las manos extendidas.

—Deja que te ayude—te dice quitándote de buena gana el cofre de la mano— ¿Por qué ponés esa cara? Relájate un poco, no es como que te fuera a comer—bromea sentándose a tu lado.

—Todo esto me sigue pareciendo una locura.

—Podría decirse que el faro es algo que parece
habitar ese mundo, pero eso solo depende…—Saca
de su bolsillo una especie de moneda con un ojo
grabado en su centro y la coloca enfrente de tu
cara—del ojo con el que se le mire—te sonríe y
vuelve a guardarla.

—Por lo que entendí, si tomo esto…—Alzás la
caja, Sol sonríe y te la quita de las manos.

—Esto no—la abre—esto—deja caer un pedacito
de papel platinado sobre tu palma.

—…accedo al nivel negro…—Terminás la frase
temiendo que el sudor de tus manos inunde el
ácido, así que decidís retirarle el envoltorio lo
antes posible, sobre tus dedos queda un pedacito
diminuto de cartón cortado en forma triangular.

— ¿Qué esperás? — Pregunta Sol y la mirás—
mételo en tu boca, bobo.

Asentís y le obedecés.

No te sabe a nada.

—Pensé que tendría algún sabor.

—No debería, de tenerlo lo más probable es que
esté adulterado con alguna otra sustancia.

—Okey…

—Bueno, mientras esperamos, te voy a explicar lo de los niveles ¿te parece?

Sí

Ir a la página: 88

No

Ir a la página: 87

No

—No— le decís sin pensártelo mucho.

Sol te fulmina con la mirada.

—Bueno, entonces, vete al carajo—te coge la mano en donde tenés la pulsera y te marca la segunda ventana del faro con un marcador—probablemente nos veremos del otro lado.

Se levanta, camina hacia la pared en donde está el cuadro de la bicicleta, aprieta un botón, la pared se abre en dos, te saca el dedo y se marcha, sin darte tiempo a decirle que solo estabas bromeando y que en verdad si te interesaba saber lo de los niveles.

Te quedás estupefacto en el sillón, sin saber muy bien que fue lo que pasó.

Justo antes de levantarte, notás una carta de tarot con el dibujo de un sol junto a ti, la recogés y te la guardás en el bolsillo.

Perseguirla

Ir a la página: 93

Sí

—Por favor—le respondés intentando despegar el pedacito de cartón de tu muela.

—Te lo podés tragar—te aconseja con una sonrisa.

Abrís los ojos y suspirás.

—La mejor noticia que me has dado—bromeás, sintiéndote con más confianza.

Aunque no podés ver el rostro de Sol, no dejás de imaginarte a una chica hermosa.

Sol ríe un poco y gira su cuerpo hacia ti asiendo que sus rodillas se rosen.

—El primer nivel, o sea la ingesta de un ¼ es denominado **Vitriolum**, allí las experiencias vividas son, como ya han dicho, terrenales, el encuentro con los cinco sentidos

— ¿Vitriolum?

—*Visita Interiora Terrae Rectificando Invenies Occultum Lapidem Veram Medicinam*

—Genial ahora tengo más dudas que antes—dejás escapar un suspiro.

Sol se limita a sonreírte.

—Luego está el nivel negro…—sonríe al recordar—que como dijo Alex tendrás que descubrirlo por tu cuenta.

— ¿Estás bromeando? —le preguntás de forma sarcástica.

—Ya escuchaste a Alex, soy una tumba.

— ¡Mierda! ¿Cómo es que lo hacen?

— ¿Hacer qué? —te pregunta curiosa.

—Todo esto, ser ustedes mismos, ser así tan, tan… no sé cómo decirlo, ¿Seguros? Es como si nunca tuvieran miedo.

Sol te mira por un momento y luego parece leer entre líneas.

—Tranquilo, Andrés, todos en algún momento fuimos así, como vos…

—Sí, claro…—suspirás.

—Mira…—mete la mano entre su caperuza y extrae lo que a tu parecer es una caja de cartas.

— ¿Qué me vas a decir ahora, que eras adicta a los juegos de azar?

—Ojalá, pero soy muy mala jugando a las cartas— abre la caja y las extrae —pero soy muy buena tirándolas.

—Oh…—decís al entender—sabés leer el tarot,
eso sí que no me lo esperaba.

—Para ser tímido hablás un montón.

— ¿Qué te puedo decir? «Ahora tengo miedo de
que si dejo de hablar moriré»

—No me digas que te comiste las pastillas del
piso—te dice con acento de hindú- estadounidense.

—No puedo creer que hayas entendido esa
referencia.

—Andrés, tengo prácticamente tu edad, también
me crie viendo a «Los Simpson»

—Aun así, jamás creí encontrarme con mi mismo
nivel de fanatismo—le extendés la mano— ¿Me
permite estrecharle la mano de poeta a poeta?

Sol te corresponde y ambos rompen en sonoras
carcajadas, dejando las cartas en el olvido.

No sabés cuanto tiempo pasan hablando sobre
dibujos animados que miraban cuando eran
pequeños y cosas triviales, ¿Fueron diez o quince
canciones? Intentás mirar tu reloj
disimuladamente, cerrás los ojos con fuerza al
notar que no enciende, su batería está muerta.

—Bueno, Andrés, ha llegado el momento de que me vaya—se pone de pie y te sorprendés al ver como su antifaz azul resplandece como nunca, es como si de repente todo tuviera otro brillo extraño y mágico, te coge la mano que tiene la pulsera marcando la segunda ventana del faro.

Te sentís aturdido, así que también te levantás.

— ¿Te vas a ir ahora? Ni siquiera me leíste las cartas…—Le decís y te callás al recordar que no la dejaste seguir, simplemente desviaste la atención hacia donde tú querías.

—Si tenés sed levantá ese almohadón—te dice señalando hacia el sillón.

Casi por inercia lo agarrás notando que una tapa de conservadora viene pegada a él.

En el interior del agujero rectangular que quedó en el sillón, te sonríe un emoticón hecho con el acomodo de diferentes botellas.

—Eso sí que es una locura…—Volvés a mirar a Sol—no dejo de sentir que me ibas a contar algo súper personal e importante y yo me fui por la tangente.

—Tranquilo, Andrés, así somos todos al principio—te dice restándole importancia al asunto y dándose la vuelta.

— ¿La puerta no queda hacia el otro lado?

—Sí, la del nivel uno—te responde sin dejar de caminar hacia la pared en donde está el cuadro de la bicicleta—Seguíme cuando estés listo—agrega al tiempo que aprieta un botón camuflado con la oscuridad de la pared y la misma se divide en dos como una puerta corrediza.

Sin darte tiempo a reaccionar, la ves perderse en un pequeño ascensor, al tiempo que la pared vuelve a cerrarse.

Todavía atónito, coges una botella y le das un inmenso trago.

—Simplemente, no entiendo nada—le decís a la pared colocando el almohadón en su lugar, sintiendo que se aleja y se acerca.

Notás que una carta quedó olvidada sobre el sofá, la recogés y al darle vuelta sonreís pues tiene el dibujo de un sol.

— ¿Casualidad o causalidad?

Perseguirla

Ir a la página: 93

Perseguirla

En tu cabeza aturdida se implanta una idea,
encontrar a Sol, devolverle la carta y continuar con
la conversación sobre el tarot.

Apretás el botón en la pared y ante ti aparece el
ascensor, tu reflejo te devuelve la mirada.

Te adentrás en el diminuto cubículo estupefacto
con la observación de tu rostro cambiante, te
sientes como Juan, el personaje del Espiral.

Muchos rostros son los que coronan tu cuerpo,
tantos que te cuesta demasiado reconocer el tuyo.

Te quedás perdido en aquel viaje de rostros
mudables por un largo tiempo, hasta que te obligás
a darte la vuelta para apretar el botón con la flecha
hacia arriba.

La puerta se cierra y el movimiento te da vértigo,
te agarrás de las paredes con las dos manos,
dándole la espalda al espejo, con el miedo
aterrador de que, si te das la vuelta, uno de todos
aquellos rostros te va a estar observando.

Tu corazón se acelera y un sudor frío comienza a
recorrerte la espalda.

Es tan difícil controlar la alocada idea de que
detrás de ti hay alguien, que te sentís ridiculizado,

todo a tú alrededor se mueve y no a causa del
ascensor, las paredes parecen vibrar, desprender
pequeñas partículas de ellas mismas.

Se escucha un extraño sonido y suspirás al ver que
la puerta se abre, con apresuro salís del ascensor.

Un pasillo en completa oscuridad te recibe,
escuchás un movimiento detrás de ti y tal cual gato
asustado te das la vuelta de un salto, solo para
comprobar que el ascensor ha desaparecido.

No lográs distinguir nada.

—Con lo que te encantan las metáforas, Alex,
¿Tenía que ser literalmente el nivel negro, negro?
—le decís a la nada golpeando una de las paredes
laterales.

Desesperado buscás a tientas el botón del ascensor,
pero por más que tanteás la pared, no lográs
encontrar nada, te vuelven a sudar las manos y la
nuca.

Nunca te gustó la oscuridad, de niño dormías con
la lámpara encendida porque le tenías miedo al
monstruo del armario, se te erizan los bellos de
todo el cuerpo al pensar en eso… algo tan
olvidado, ¿Cuánto hacía que no pensabas en él? Se

te acelera la respiración, es la oscuridad, te lleva a
rememorar el día del apagón, intentás que la idea
no invada tu mente, pero se siente como olas de
mar embravecido y tu bote salvavidas no tarda en
hundirse. Mientras, el recuerdo emerge de las
profundidades como el Kraken y te arrastra hasta
aquel momento.

La misma oscuridad.

La misma sensación, alguien te observa desde la
negrura, alguien o algo…

Suspirás, se te hace difícil describir la sensación, es
como si de repente, por algún extraño motivo,
volvieras a ser ese pequeño niño, asediado por la
sombra del hombre del sombrero… pero ¿En algún
momento dejaste de serlo? Te sorprendés a ti
mismo pensando en aquella pregunta, te llevás las
manos a la cara, pero las retirás rápidamente, el
sudor en las mismas es asqueroso.

—Venir fue una mala idea— susurrás volviendo a
tantear la pared— ¿Dónde está ese maldito botón?

«Sabés perfectamente que solo hay una salida»—
te dice la voz en tu cabeza, con un tono tan
iracundo que casi podrías jurar que no fue un
pensamiento propio.

Pero eso es absurdo ¿no? ¿Cómo podría ser un
pensamiento impropio?

—Solo los locos escuchan voces— te decís.

— ¿Seguro? —te sorprendés respondiéndote en
voz alta.

Abrís y cerrás los ojos con fuerza, te sentís
anonadado, percibís todo, menos a ti mismo, por
momentos, al quedarte quieto, la oscuridad y vos,
son lo mismo, por otros te sucede algo parecido al
tocar la pared, mires por donde mires hay
oscuridad, la oscuridad de un pasillo que despierta
tu parte imaginativa más escabrosa y te hace
tenerle miedo a lo desconocido.

Te llevás las manos hacia el estómago, los nervios
te están jugando una mala pasada.

Te acurrucás contra un rincón y la pregunta que Isa
le hizo a Alex te viene a la mente: « ¿Lo creés listo
para el nivel negro?»

Te reís como un loco, no te imaginabas que el LSD
fuera tan fuerte.

—No puedo dejar que me gane— decís intentando
levantarte utilizando tus manos de impulso, sentís
el tacto de algo rosar tu pulgar, por un momento se
te para hasta la respiración, pero luego de un ¼ de

segundo recapacitás y recogés lo que sea que hay allí.

Tu tacto te permite distinguir una especie de cuaderno, lo abrís, sus hojas blancas te iluminan la cara, al parecer el pasillo cuenta con luz negra, pasás las hojas brillantes en busca de algún escrito y encontrás uno justo a la mitad:

Un Día

Un día hice un viaje, no lo planeé, apareció de repente, vino de la mano de mi hermano y de todo aquello que es mejor acallar.

En determinado momento, después de separarnos por imprevistos, volvimos a vernos, nos reencontramos entre abrazos y charlas.

Remontamos el andar con firmeza en el pisar.

En determinado momento se escucharon truenos y al darnos la vuelta deslumbramos la tormenta.

Nos atrapó tan rápido que apenas pudimos escapar.

Entre lluvias de palabras que gritaban verdades pasadas y hechos concretos.

Cada uno tuvo su parte de víctima y verdugo, cada uno descubrió su fruto.

En ese viaje morí, o más bien, uno de mis yo, murió, lo vi caer rendido, sin fuerzas, sin vida.

Lloré su perdida por un segundo, luego tuve que acaparar el renacer.

Entre el inicio de lo nuevo, acomodado, construido, adosado con cosas viejas, estuve perdido.

Un día cualquiera, me desperté seguro de que ya no era yo.

Los cambios siempre vienen acompañados de montañas a escalar, ríos que cruzar y paisajes que admirar.

Ahora soy esto, que es nuevo para mí y viejo para mi alma.

Una esencia desapegada de los perturbadores gritos de un niño sin iniciativa.

Ya no hay corazón roto, ni miradas de odio.

Solo queda un fénix, con recuerdos de antaño y alas para viajar.

Dejás el cuaderno en el suelo, las letras se
desdibujan, vibran, y así también, se repiten en tu
mente, con una voz interna que no parece la tuya.

En un intento de sentirte protegido, metés las
manos en los bolsillos de la caperuza, por un
segundo, el tacto frío de la carta te sobresalta, pero
al recordar a Sol, se te ilumina la cara y cualquier
temor en tu mente parece disiparse.

Extraés la carta con una sonrisa y notás que el
dibujo del Sol, también brilla, sus rayos se
mueven, escapan de la carta y te calientan el rostro.
Ya no sentís miedo… « ¿Ni siquiera al hombre del
sombrero?» el pensamiento impropio te toma tan
de sorpresa que sentís un sudor frío recorriéndote
la espalda.

Retirás la mirada de la carta y mirás hacia la
continuación del pasillo, el corazón se te congela
por un segundo, pero luego comienza a acelerarse,
allí está de nuevo aquella sombra con sombrero,
parada a pocos metros de ti, te agitás, parpadeás
varias veces, pero aquella maldita silueta sigue allí.

— ¡No eres real! — Le gritás a todo pulmón, pero
no hay respuesta, simplemente permanece inmóvil,
observándote.

Tragás saliva, sin saber muy bien que hacer, la única forma que habías encontrado para combatirlo cuando eras chico, era el dejar la luz encendida, pero allí, no había nada que iluminara… Bajás la mirada al sentir el resplandor blanquecino de las hojas del cuaderno, haces un cambio rápido de visión, para comprobar si la sombra sigue allí y si, efectivamente ese demonio de la niñez permanece en su sitio, todo es igual que aquella vez… Salvo por una cosa, ya no eres ese niño, y has aprendido a combatir demonios mucho más inmensos.

« (…) Hay que ser valiente para pelear con tu sombra (…)» la frase de la canción del rapero argentino Wos viene a tu mente haciéndote vibrar en valentía.

Cerrás un puño y con la misma mano en la que tenés la carta, recogés el cuaderno.

No vas a espantar al espectro con el mismo mecanismo que cuando eras pequeño, eso solo lo haría huir, pero volvería en la próxima oscuridad, y ya estás cansado de temerle, colocás un pie adelante del otro y avanzás, la sombra permanece inmóvil, tu corazón palpita tan alto que podés escucharlo claramente.

Ya no te sudan las manos, el brillo del sol se refleja
en tus pupilas ennegrecidas, seguís avanzando y
los recuerdos comienzan a fluir, como si te
estuvieras adentrando en un sueño despierto, aun
así, continúas, ya conocés los mecanismos que la
sombra utiliza para ocultarse tal cual paracito
mental que es, entre tus recuerdos más escabrosos.

—Ya se lo que no eres—le decís y por un
momento la ola de recuerdos parece tiritar y la
sombra vuelve a aparecer—No eres un fantasma,
ni un demonio, ni nada externo a mí…

Por primera vez la sombra tambalea.

—Puedo mentirles a todos, pero en el fondo yo
siempre lo sabré, y no pienso engañarme más…

Quedás cara a cara con la sombra.

—No eres más que la forma que le di al abandono
de mi padre… Hola, Papá—le decís mirando el
rostro que tenés de la última vez que viste a tu
padre, aquella noche lluviosa y de apagón en la que
los abandonó.

—Ya no te tengo miedo—agregás antes de que la
sombra desaparezca y la realidad vuelva a ti.

Reflexionar/ Ir a la página: 102

Proseguir / Ir a la página: 105

Reflexionar

Tu cabeza es un torbellino de ideas,
entendimientos y pensamientos, tanto aturdimiento
te obliga a tener que tomarte un momento, te
apoyás contra la pared, dejando así, que tu mente
acomode las ideas.

La nebulosa de irrealidad y fantasía ya no deforma
tus recuerdos, ahora podés recordar el día del
apagón como en realidad fue.

Las frases de tu madre gritando: ¡Tu padre es un
monstruo! ¡Un maldito monstruo de armario!
Habían servido de bloques de construcción para
que tu pequeño yo, creara una fantasía en la cual
refugiarse de todo aquel dolor e incertidumbre.

Y en esas palabras también se encontraban
escondidas las razones de porque tu madre era tan
homofóbica.

Tu padre se había ido de la casa aquella noche,
luego de tener una discusión con tu madre en la
cual le confesaba que su inclinación sexual era
otra, y que ya no podía seguir con aquella mentira,
lo habías escuchado todo, solo que eras demasiado
pequeño para entenderlo.

—No pienso vivir bajo el mismo techo que un marica, un poco hombre, alguien que decide ir en contra de los mandamientos de Dios.

—Querida... Yo...

— ¡No me toques! ¡Quiero que te vayas y no vuelvas nunca! ¡Ni que te acerques a nuestro hijo!

—No podés pedirme eso... yo... sabés que lo amo.

—No voy a permitir que un monstruo de armario como tú, este cerca de mi hijo, quien sabe que otros pecados seas capaz de hacer.

—No estarás insinuando que yo podría...

— ¡Te dije que no me toques! ¡Aléjate de esta familia y no vuelvas más! ¡Maldito pecador!

El desliz del cuaderno te hace volver a la realidad, tus ojos son un mar de lágrimas y en tu garganta crese un gran nudo.

Tantos años sin entender por qué tu padre los había abandonado y la verdad se encontraba oculta bajo el hombre del sombrero, al pensar en esto, otros recuerdos invaden tu mente, el hombre del sombrero escondido detrás de unos tachos de basura, en aquel parque, al salir de la escuela.

Siempre habías creído que era producto de tu
imaginación, como decía tu madre, pero era tu
padre, vigilándote a la distancia.

No culpás a tu madre, sabés que no fue ella sino las
doctrinas religiosas que la encarcelaban, las que
habían actuado, al igual que se quemaban a las
brujas en la hoguera, o a todo aquel que pensara
diferente.

Sentís la paz que prosigue a la tormenta, tu madre
ha muerto, pero tu padre aun no, aún hay tiempo de
decirle que lo entendés y que no lo culpás, ya no
culpás a nadie.

Proseguir

Ir a la página: 105

Proseguir

Entre tanta irrealidad y caos mental, quedás delante
de una puerta, secándote las lágrimas avanzás
hacia ella he intentás abrirla, el cuaderno se te cae,
se abre y las hojas blancas se iluminan.

Las letras garabateadas te llaman la atención:

Padre.

*Te escribo esto a través del tiempo, puesto que
gracias al mismo uno puede entender los sucesos
vividos.*

*Quiero decirte que te culpé todo el tiempo, y en
esta vida no hay culpables, y mientras no acepte
esto, estaré condenándome a repetir las mismas
historias, y no quiero, ya no voy a ser arrastrado
por la corriente.*

*Huso lentes: «La miopía denota una subjetividad
exagerada» Dicen que cuando uno no ve claro, la
pregunta que debería hacerse es: ¿qué es lo que
no quiero ver? Y dicen que la respuesta es siempre
la misma: a Sí mismo.*

*Y qué verdad esconden esas palabras, padre. Cuán
subjetiva y limitada era mi visión hacia ti que no*

*me permitían ver que solo eras otro niño, en el
cuerpo de un hombre.*

*A través del tiempo, me he encontrado con varios
hombres así, pero me negaba a verlo, a
entenderlos, entonces también, me negaba a verme
a mí.*

*Renegué tanto mi parte masculina, mi impulso de
ser, que quedé polarizado en el arte imaginativo
de la pasividad.*

*Pero ahora, intento ver las cosas desde un punto
de vista menos subjetivo, teniendo los dos polos en
cuenta.*

*Por eso te digo, Padre, los dos tuvimos una forma
muy extraña de amarnos, nos parecíamos tanto,
que le temíamos a nuestra sombra, pero ya no
huyo, estoy aprendiendo a enfrentarla, combatirla,
reconocer que solo puedo ver una nada de todo lo
que es y por tanto no puedo ni quiero juzgar.*

*Opto por aprender, y así poder liberarme del
condicionamiento, no me creo ahora un ser
iluminado ni nada de eso, solo un aprendiz, ahora
entiendo que los maestros están ahí siempre para
ayudar a los alumnos. Y que, solo observando, y
aceptando conscientemente las sombras, uno
puede liberarse de su fuerza.*

Hoy reconstruyo en mi mente los recuerdos contigo y te digo, siempre te admiré, fuiste mi código a resolver, mi mayor enigma, y hoy sé que tengo mucho de ti en mí, lo reconozco, lo veo y te libero.

Vuela como un alma libre, o sigue tu propia leyenda personal, que a tus nietos les contaré historias, sobre el niño grande que tuvo a un niño y que como niño se comportó. Gracias por ser mi padre, por ser como eras, ya que, de lo contrario, no hubiese aprendido, ni vivido las experiencias que me colocaron aquí.

Yo me alejé por temor, por subjetividad, y tú por verte reflejado en mí.

Yo fui tu sombra, como vos fuiste la mía.

Vete tranquilo Papá, hoy le doy un abrazo a tu recuerdo, desde el conocimiento, desde el amor, hoy solo hay amor para ti, para tu parte en mi historia.

Hoy te dejo ir.

Con amor, tú hijo.

Elías.

—Viento, te pido que lleves estas palabras a los oídos de aquel que deba oírlas y que traigan Paz a mi alma.

Hoy soy un hombre, hoy, acepto mi parte masculina, mi agresividad, hoy me enfrento a mí mismo, y con toda la fuerza del mundo lo abrazo, y nos convierto en uno.

Tus lágrimas manchan las hojas, te sentís tan identificado con Elías que no podés hacer otra cosa más que abrazar el cuaderno en señal de empatía. Te sentís parte de esas letras, como si hubiesen sido escritas por una versión alternativa de ti.

Se te es inevitable el no sonreír con aquel pensamiento, no te parece para nada irrisorio, al contrario, lo darías por hecho.

— ¡Elías es yo y yo soy Elías! —Gritás como un loco mientras tus dientes se iluminan a causa de la luz neón—Te entiendo amigo, y te doy las gracias, tus palabras llegaron justo adonde debían llegar, mi amor incondicional para ti también…

Te sorprendés al ver que el pestillo de la puerta se mueve.

Es Sol, su antifaz azul y caperuza roja brillan como nunca.

—Todos fuimos, y somos, hasta cierto punto, Elías—te dice asintiendo con la cabeza—dejá el cuaderno y seguíme, al menos que quieras escribir algo tú, en ese caso…— te extiende una lapicera.

Escribir

Ir a la página: 110

Aún no estoy listo

Ir a la página: 111

Escribir

«Solo aquel que en verdad quiere ser liberado, paga el precio de verse apuñalado»

Si, y solo si estás dispuesto, espero tu sangre escrita, derramada en este espacio.

Aún no estoy listo

Ir a la página: 111

Aún no estoy listo

Dejás el cuaderno en el suelo y seguís a Sol.

Te conduce hasta una habitación oscura e inmensa con varias personas haciendo un círculo en torno a una carta de tarot, sonreís al reconocer la luna.

—Bienvenido al círculo—te dice una voz femenina— ¿Te gustaría participar de esta experiencia? —Te pregunta con amabilidad.

Mirás a Sol, ella asiente con la cabeza.

—Es tu decisión.

Participar

Ir a la página: 112

Ser espectador

Ir a la página: 122

Participar

—Me gustaría participar—respondés con
humildad.

La mujer mira tu mano, la carta resplandece en
ella.

—Colocá tu Sol junto a la Luna.

—No es mío…—sonreís con lo que estás a punto
de decir—Es de Sol.

—En eso te equivocás—te responde Sol
caminando hasta el circulo y tomándole la mano a
dos chicos.

—Bueno…—respondés algo confundido.

Caminás hasta el círculo, dos chicas se sueltan las
manos dejándote pasar, te arrodillás junto a la carta
y colocás el sol junto a la luna.

Puede ser la luz negra, el LSD o lo que fuera, pero
sentís que las dos cartas irradian una inmensa
energía.

Te las quedás mirando un par de segundos,
hechizado con aquella sensación.

—Andrés—te llama nuevamente la mujer, te invito
a unirte al grupo, por favor, agarrá mi mano.

Antes de levantarte, le das una vista general a
todos, salvo Sol, todos muestran sus rostros,
tranquilos y serenos, sin juicios, ni ninguna
emoción más que la sensación de paz.

Le agarrás la mano, con la palma de tu mano
izquierda para arriba.

Con un gesto cariñoso, el chico del lado opuesto te
invita a que le sujetes su mano.

Lo sujetas dejando tu palma derecha hacia abajo.

—Vamos a iniciar este círculo, les pido a todos que
cierren los ojos—dice la mujer.

La obedecés al igual que todos.

—Quiero que imaginen que en el centro de este
círculo hay una inmensa energía trasmutadora, el
Igniz de los alquímicos, el fuego que todo lo
transforma y convierte en luz. En cualquier
momento, van a poder lanzarle todo lo que ya no
quieran cargar, todo lo que quieran liberar. —te
suelta la mano, automáticamente abrís los ojos.

— ¿Quién desea empezar?

—Yo—dice un chico de pelo oscuro y ojos
marrones—quiero entregarle al fuego, lo que el
fuego reclama.

La mujer asiente con la cabeza.

El chico da un paso hacia adelante, sus ojos brillan con el resplandor de las cartas.

En su mano izquierda tiene una hoja garabateada y en la derecha tiene un encendedor.

—Hace tiempo que no hablamos, había cosas que, como tú dijiste, tenía que resolver por mí mismo. Cerrar ciclos, quemar en el fuego aquel pasado, matar aquellos demonios internos.

» El autoconocimiento es largo, tedioso y a su vez hermoso.

Necesito volver a encender el fuego, esta vez le toca a mi madre.

» Madre, fuiste la primera persona que amé y también así, la primera persona que rompió mi corazón, una herida tan profunda en tu pecho habita, que te ha dejado completamente ciega, apagada, muerta en vida. Al principio no lo entendí, luego viniste a mí a querer hablar, allí me di cuenta de que el limbo existe tanto en la tierra como en el éter.

» Durante años tomaste el papel de víctima, la niña violada quería sentirse protegida, la niña golpeada quería ser valiente, la hermana sin hermanos quería sentirse acompañada.

» Entonces los acogiste, a cada uno de ellos, primero a tu abuelo, cargaste con su entidad en ti durante años, alimentando las llamas del odio, buscando culpables, proyectando inconscientemente ese rechazo hacia todos los hombres y en paradójico, también buscando en ellos esa niñez robada.

» Así fuiste creciendo, actuando sin medir las consecuencias, buscando algo que no sabías que buscabas, hoy, madre, puedo decirte con orgullo, que buscabas la eternidad de un segundo.

» Llorabas por la pérdida de una familia, y esta visión, no te permitía ver el amor que te rodeaba. Nunca pudiste salir del punto central, después de todo, la violada habías sido tú, la víctima. Caprichos de una niña interna con miedo al olvido.

» Yo te elegí como madre, lo reconozco por sobre el dolor que me causaron tus acciones.

Una vez me dijiste: « ¿Solo vas a perdonarme cuando muera, como a tu padre?»

» No puede responderte en ese momento, y una parte de mí te perdonó, otra aún más elevada, va más allá y te asegura que no hay nada que perdonar, ahí está la dualidad de este mundo, la paradoja divina. Si, sos responsable de tus acciones y demás, por más que no lo quieras ver así, lo es.

» Pero esto es solo hasta cierto punto, ya que hace tiempo que dejaste de estar viva, hace tiempo que dejaste de pelear. Solo te vas moviendo por impulsos, por experiencias malas, vas buscando la felicidad, la dependencia, el amor de un padre que no sabía amar.

» Construimos en base a lo que conocemos.

Por eso la importancia de educarnos, de aprender.

Una vez te pregunté, si estabas orgullosa de mí y me respondiste que no.

»Te detesté por eso, mi corazón sangró. Hoy veo que probablemente vos también hiciste esa misma pregunta y obtuviste esa misma respuesta.

» Hoy aprendo de eso y rompo ese ciclo, hoy admito, ante el ángel que habita mis letras, ante mi mejor amigo, y ante ti: ¡No soy tú, no soy ellos! ¡Ninguno de mis hermanos lo es! ¡Ese pasado muere contigo!

» ¡No somos violadores! ¡No somos víctimas! ¡Demonios sentir mi furia, mi fuego, morir!

» No se puede salvar al que no quiere ser salvado, pero tampoco es justo cargar con el lastre karmico de una generación que no existe.

» Con el poder del ángel y el de la esencia de mi propia luz, coloco la daga en mi vientre, me apuñalo delante de ti, estoy pagando con esto el sacrificio, hasta acá llega la deuda, esta familia no tiene que pagar por lo que no ha hecho.

» Apuñalo a cada uno de mis hermanos, caen de rodillas ante mí.

» Somos una familia, somos fortaleza, somos luz.

» Contigo, madre, solo puedo regalarte una daga, no me corresponde a mi apuñalarte. Espero encuentres el perdón en tu corazón, así como yo lo encuentro hoy aquí, contigo.

» Frente a tu presencia tenés cinco cadáveres que salieron de tu vientre y que por culpa del pasado, jamás pudiste contemplar.

» Ahora el fuego comienza a quemar los cuerpos, los demonios gritan dentro de los cascarones, la luz interna flota sobre cada uno.

Las cenizas vuelan, se las lleva el viento.

Junto con estas letras, junto con esta magia.

» Ángel, le entregué al fuego aquel demonio familiar que le correspondía a esta familia elegida, mi responsabilidad con la misma llega a su fin, lo entiendo mientras el fuego arde como un volcán encendido.

» Lava corre por mis venas.

» Ahora cada uno es libre del pasado ajeno, por tanto, responsable de su presente y futuro. Pero ya no hay en mí, responsabilidad alguna.

» Soy hijo, nieto, hermano, tío y lo seguiré siendo hasta que lo finito de este cuerpo llegue a su fin.

» Saco la espina de mi pecho, cauterizo el árbol familiar.

» Proclamo en todas las dimensiones: Un nuevo comienzo, para mí y para los míos.

» Le entrego al fuego, lo que el fuego reclama.

—Gran pasó has dado, siente la paz en tu alma, manifestada en tu cuerpo, ahora podés caminar tranquilo, buscador, yo me encargaré de trasmutar al demonio, desataré los nudos y con mi humo llegaré al cielo. Entregaré tu mensaje y todos sabrán que decidiste tomar el puñal y dar la estacada más letal—dice la mujer con los ojos cerrados—veo que poco a poco el cascarón comienza a romperse, emergerá de las cenizas el ave fénix, así como tantas otras veces, pero esta vez en cinco.

» Vuelen aves hermosas, lleguen a sus correspondientes amos, cautericen la herida en sus corazones, permítanles ver poco a poquito, lo que realmente importa.

Nobleza irradia tu acto, volveré a tu pecho, cicatrizaré tu corazón, me llevaré el dolor. Te quitaré esa venda.

—Ciento el calor arder en mi pecho, la cicatriz aparece en mi corazón, pero ya no duele, la venda cae al suelo—le responde el chico con lágrimas de felicidad en el rostro—

Ahora puedo ver. Soy consciente de lo mucho que esto me condicionaba.

» La libertad es cada vez más extensa.

» El camino cada vez más claro.

» Gracias fuego, gracias Ángel, gracias familia por acogerme en su linaje y permitirme liberarlos de ese mal.

» Aspiro lo bueno, largo lo malo— termina de hablar, enciende la hoja, la deja caer sobre las cartas, se consume antes de llegar al suelo, dejando solo cenizas que se pierden en la oscuridad.

—Andrés—te llama Sol del otro lado del círculo.

— ¿Sí? —le respondés aun confuso con todo lo
que acabás de oír.

—Quiero pedirte perdón, osito…

Al escucharla se te eriza hasta la nuca, el tono, el
apodo, ¿Podría ser?

— ¿Mamá? —preguntás temblando.

—No tengo mucho tiempo, osito, solo quiero que
sepas que te amo, estaba muy ciega, muy
adoctrinada y tenía miedo, todo lo que hice lo hice
porque tenía miedo, no podía contra él…

—No hay nada que perdonar mamá, lo entiendo—
se te llenan los ojos de lágrimas—sigue tu
camino—Tragás saliva—le entrego al fuego lo que
el fuego reclama—improvisas—Ángel, te pido que
la ayudes a seguir su camino, por favor…

—pestañás y por un momento, el antifaz azul de
Sol parece irradiar fuego.

—Sigue la luz, no encarnada, prosigue tu
camino—dice la mujer con tranquilidad.

—Que el fuego azul de mi espada te guie, y proteja—dice Sol antes de tambalear y casi caer al suelo.

Dos chicos la ayudan a incorporarse.

No entendés nada, pero te sentís bien, un gran peso se libera de tu espalda obligándote a respirar profundo.

—No lo analices—te dice el chico de tu derecha—solo déjalo ser—que tu corazón lo sienta.

Asentís y dejás escapar una risa boba junto con un par de lágrimas.

—Gracias, gracias a todos.

—Las aceptamos y convertimos en luz—te responden todos a coro.

CUARTO FINAL

***

Ser espectador

Ir a la página: 122

Ser espectador

Negás con la cabeza.

—Podés observar si así lo deseás—te dice Sol
antes de unirse al grupo.

—Aquí me quedaré—le respondés colocándote
contra un costado, en donde la escena se aprecia a
la perfección.

Todos se toman de las manos, y cierran los ojos.

—Quiero que imaginen que en el centro de este
círculo hay una inmensa energía transmutadora, el
Igniz de los alquímicos, el fuego que todo lo
transforma y convierte en luz. En cualquier
momento, van a poder lanzarle todo lo que ya no
quieran cargar, todo lo que quieran liberar. —se
sueltan las manos, todos abren los ojos.

— ¿Quién desea empezar? —Pregunta la mujer
con tono dulce.

—Yo—dice una chica dando un paso hacia adelante—Ángel, seguí tu consejo y la marea me arrastró hasta un páramo, allí tuve que ejercitar mis brazos para elevarme del agua.

En el páramo estaba ella, con su sonrisa y ojos con chispa.

Yo fui sol, ella fue luna.

El tarot nos ayudó con sus arquetipos.

El 11 vibró por todas partes.

El declarado culpable, pudo explicarse, liberarse de la falta de voz.

Se sintió la paz y el hechizo se cerró con un abrazo.

» Que hermoso que se siente soltar, reencontrarse, perdonar, dejar ir, comenzar a ver. Que hermoso que es crecer.

» De apoco el faro va tomando forma, me voy unificando en los dos primeros niveles. Me cuesta Ángel, no te voy a mentir. Pero es excitante el renacer.

Gracias, por todo esto, por ser mi guía. Acompañarme en este camino y más.

—Lento pero constante amigo mío, escuchando, observando, llevando hacia adentro. Yo te cuido, te libero de la maleza que se generara con el tropiezo. Todos admiramos tu crecimiento, Oh Alma vieja, siempre he admirado tu talento para despertar y despertar a tus almas amigas. Sigue así, que el camino por el cual te dirigís tendrá su recompensa.

La chica asiente complacida y da un paso hacia atrás, un chico toma su lugar.

—Por momentos soy un globo aerostático con sus contrapesos siendo liberados para comenzar a elevarse, ya he ascendido varios metros, pero hay un lastre que me niego a soltar. Sé que debo hacerlo, o de lo contrario mi asenso está limitado. Pero estoy ciego, mis manos se entorpecen con la simple idea de acercarme al nudo. ¿Qué me recomendás, Ángel? Te pido ayuda para combatir esta sombra.

—Tenés a tu ego herido de muerte, el hechizo lo hace volver cada vez que la puñalada lo desangra, pero se siente menos él y más parte de la nada y eso lo asusta incluso más que el hecho de verse mal herido. No deja de preguntarse qué será luego de que ya no sepa que ser, tiene miedo a morir del todo, siente que, si ya no tiene más cuerdas de las cuales aferrarse, no podrá escalar.

» Miedo, siempre es miedo, por eso te suplica, te confunde y te engaña.

Aunque en el fondo las respuestas están ahí, y él lo sabe, sabe que solo tiene poder sobre ti mientras sigas creyendo que es así. Se consciente de esto amigo mío. El poder se lo das tú, ya que son la misma cosa. No te confundas con las sombras que se ven detrás de la venda, aprende a usar los otros sentidos, no confíes en la visión contaminada.

» Escúchalo, pero siempre leyendo entre líneas, tócalo, pero consiente de que buscás sus puntos vitales.

» Respirá, concéntrate y clava el puñal, leé en la sangre derramada la lección a aprender para que no tengas que volver a matar al mismo demonio.

» Solo vos tenés el poder, ten mi espada, hacela girar sobre tu cabeza, su hoja se iluminará y podrás ver a tientas en la oscuridad, confía y sigue. No le temas a lo desconocido. Recuerda que ya avanzaste muchos pasos hacia la libertad como para retroceder. Sigue.

» Escucha. Aprende y suelta.

El chico sonríe, hace una reverencia y retrocede, otro toma su lugar.

—Una vez tuve un sueño, estaba con ella, acostados, nuestros cuerpos desnudos, queriendo probar el placer del sexo.

» Todo intento de tocarla llevaba al fracaso, hasta que en un momento determinado ella dice:

—Lo que pasa es que no estás siguiendo el manual, sabés que solo puedo acabar con sexo oral—me entrega un manual, en la carátula esta ella desnuda—si no seguís sus reglas no hay forma.

» Entonces todo se volvió ortodoxo, mecánico, y me sentí vacío, ansioso, queriendo complacer un cuerpo con manual. Entonces me despierto.

» En mi corazón ardía la sensación del abatimiento.

» Nunca fui bueno para seguir manuales, soy más de descubrir, ¿yo era un caos y ella un orden? ¿Yo un orden y ella un caos? ¿Que tanto nos condiciona conocernos? ¿Nos encasillamos al decidir que algo nos gusta de una forma y no de otra? ¿Qué pasa con la otra parte? ¡Que estrés, Ángel!

» No olvido lo necesitado de cariño que estaba y cómo fueron sus lares los reconfortantes. Solo un momento, un instante, todos tenemos magia, pero no todos sabemos sustentarla.

» La fui remando, y me engañé en el proceso, por más que grité independencia, esa sensación renegada a querer ser protegido, brotaba.

» Ahora comienzo a verlo claro. No lograba entenderlo.

» Por eso el sueño del niño que muere por mi culpa, estamos en un constante renacer. Y el Niño no podía seguir allí, debía morir, no iba aguantar una ausencia más. Por eso lo maté, sufrí su duelo, confundiéndolo con el distanciamiento de ambos.

» Mi ceguera nuevamente me impedía ver lo importante, lo esencial, pero ahora comienzo a entenderlo.

» No está en ella la llave, está en mí y el error es entregarla esperando que el ajeno llene el recipiente que creía vacío. Pues no lo está, siempre lleno de nada.

Soy una copa rota, varias bocas corté.

» En tantas otras me desangré.

Soy consciente de que así es el camino.

» Me levanto y sigo. Suelto el lastre, te dejo ir, a ti y a tu manual.

» Encontrarás el camino por tu cuenta, tengo fe ciega en ello, vendrás a mí, cuántas veces quieras e iré a ti cuantas veces quiera. Siempre tendrás un lugar aquí, en mi casa, en mi corazón, más ya no dejaré que tu ser condicione al mío. Me leeré el manual, entenderé cómo funciona tu máscara, pero jamás podré tomarla por real, yo sé lo que eres. Yo puedo ver tu alma.

» Me conformaré con todo esto hermoso que nos regalamos. Seguiré aprendiendo. Pero te dejo ir, camino hacia mi yo, empuño, y apuñalo, mi pecho sangra, caigo de rodillas ya no sé ni quiero saber qué hay, mi cuerpo muerto se hunde en arena movediza. Me entrego a la corriente del renacer.

—Dale la bienvenida a tu edén—le dice la mujer y el chico retrocede.

Te encontrás atónito ante todo lo que escuchás, ves como una chica da un paso hacia adelante.

—Ángel, vuelvo a pedir de tu discernimiento, un consejo es lo que pido, el fuego en mi interior es leve, pero está encendido, fluyó al incendiar la carta que le envié a mi padre a través del viento, se debilitó al intentar interpretar un sueño propio hacia afuera proyectándolo a alguien más, y ahora, ha resurgido lo que hasta el momento reinaba mi reino de sombras.

» No puedo mentirte a ti, tengo miedos, aunque de apoco he aprendido a moverme hacia la osadía y la valentía.

Me encuentro parado sobre el borde del precipicio, admiro el abismo y el me admira a mí.

Aun así siento que ardo, fue totalmente necesario volver a verle, hacerle leer las letras que se formaron con base en lo sucedido, fue gratificante verla y no sentir rencor, ni dolor, solo el chistar de las brasas al encenderse.

» Oh Ángel mío ¡cómo quema la piedra! ¡Que hermosa y tortuosa es esta prueba!

¿Tenés algún consejo para mí?

—Hay cosas, que tenés que resolver por tu cuenta, confío en que encontrarás las formas correctas de salir victorioso, pero esta es tu guerra y sólo tuya, no puedo intervenir. Más ven a mí en busca de consuelo, te envolveré en mis alas.

Notás que ya pasaron casi todos los que conformaban la ronda, solo falta uno más y Sol.

El chico rubio da un paso hacia adelante:

—Tengo esta sensación, me encuentro en el medio del océano, haciendo la plancha para no hundirme, la sensación de ser llevado por la corriente me abraza, ¿cómo debo seguir, Ángel?

—Estamos en momentos de cambios pequeños,
pero importantes, imperceptibles a simple vista.

» Aprendé a serenarte amado mío, a controlar la
ansiedad, a hacer silencio, a escuchar.

Es momento de dejarse llevar, cuando sea el
momento de actuar lo sabrás.

» Por ahora dedícate a juntar fuerzas, liberar estrés
y dejar de pensar.

» Disfrutá tu cuerpo, acepta tus emociones,
analízate, mírate en el espejo y sonríe.

» Más no juzgues, ni ataques a aquel que te ataca,
ya que estamos en momentos de cambios y
aquellos que se sienten arrastrados y se creen
capaces de resistir, nadan a contra corriente y eso
genera resistencia.

» Todos están en el lugar que deben estar.
Concéntrate en ti.

» Cosé tu boca salvo para el oído dispuesto, sigue
perfeccionando tu tamiz, sigue separando las pepas
de las piedras.

El chico da un paso hacia atrás y todos se vuelven
a tomar de las manos.

—Le entregamos al fuego lo que el fuego
reclama—Dice Sol y todos lo repiten tres veces—
Cerraremos el circulo con el eclipse…que el Sol se
coloque sobre la Luna—dice soltándole las manos
a todos se arrodilla en el centro del circulo y luego
te mira.

Te acercás, sabés por instinto que necesita la carta
que tenés en la mano.

Al llegar al círculo, dos chicos levantan las manos,
te agachás un poco y te adentrás en el círculo.

La escena parece mágica, dos personas con
caperuza y antifaces, arrodillados dentro de un
círculo de gente, junto a dos cartas de Tarot que
representan lo masculino y lo femenino, la fuerza
activa y la tierra fértil para la concepción.

Una cantidad de información comienza a inundar
tu mente, mientras mirás a los ojos de Sol, ocultos
detrás de su antifaz azul eléctrico que parece
encendido por algún tipo de magia.

Sol te toma las dos manos.

—Te amo osito, perdón por ser tan ciega—por un
momento, la voz de Sol es la de tu madre, pero
lejos de sorprenderte, sonreís.

—Lo sé mamá, sigue tu camino, que el fuego te
reclame, te trasmute, no hay espacio en mi corazón
para rencor… me quito la venda, te envió mi amor.

Sol deja caer una lágrima junto con una sonrisa
que cae sobre la carta que está en tu mano.

—Que el fuego azul te guie, no encarnada, sigue tu
camino—dice la mujer que hablaba por el Ángel.

Sin poder contenerte, abrazás a Sol con todas tus
fuerzas.

—Gracias, muchísimas gracias por todo esto—le
susurrás al oído.

—Lo tomo y convierto en luz—te dice antes de
darte un beso en la mejilla y apartarse un poco.

— ¿Cerramos el ciclo con el eclipse juntos?

—Nada me gustaría más en este momento—le
dices enternecido.

Entre los dos colocan la carta del Sol sobre la luna
tapando ambos dibujos.

—El faro te cuida, el faro te guía, tú eres el faro—
dicen todos a la vez.

Quinto final

***

Cofre con 1

Ir a la página: 134

Cofre con 1

Agarrás el último cofre, lo abrís y un pequeño cartón cuadrado con el dibujo de un ojo queda depositado sobre tu mano.
—Si te decidiste por el último, es porque estás listo—te dice Isa con frialdad.

La observás, con decisión.

—Así es—le respondés con ímpetu y te colocás el cartón sobre la lengua.

—Ahora solo resta esperar—Dice Alex acercándose a la puerta para abrirla.

El resto de los chicos con antifaces, comienzan a retirarse.

—Buen viaje—se despide Sol con una sonrisa.

—Solo estamos tú y yo—le dices a Alex sonriendo con nerviosismo.

Alex sube la música.

—Tenés agua debajo de ti si sientes sed.

— ¿Debajo de mí? —Preguntás al tiempo que te levantás y alzas el almohadón—eso sí que no me lo esperaba—decís al ver un emoticón hecho con botellas.

—Andrés—te llama Alex luego de que agarrarás una botella—me gustaría contarte algo antes de que comiences a volar.

—Sabés que podés contar conmigo, Alex, soy tu mejor amigo…—mirás a tu alrededor— ¿No?

Alex sonríe.

—Eres el mejor amigo que tengo, de eso no tengas dudas.

—Luego de ver todo lo que construiste—le confesas, acercándote —me siento… poca amistad para vos—pasás tu mano por el reproductor de música, sientes la mirada serena de Alex sobre ti— los chicos parecen personas increíbles.

—Lo son—te interrumpe con una sonrisa—al igual que tú.

Se te escapa una carcajada.

—A mí no Alex, desde que te conozco que llevás intentando hacer que me sienta mejor conmigo mismo, pero la verdad es que no siento que haya forma. No puedo siquiera mantener una conversación con alguien sin que mi dislexia salga a la luz.

—Ya te lo dije, eso significa que tu mente, va más rápido que tu modulación, es cuestión de disciplina.

Refunfuñás molesto.

—Para vos es fácil decirlo, eres perfecto, tan solo
hay que ver este lugar—abrís las manos—Es
único, cada detalle parece pensado a la medida.

—No lo construí solo, y si, todo aquí tiene un
porque y una forma de ser—se acerca—pero nada
tiene que ver conmigo.

—Incluso en lo humilde eres perfecto—te dejás
caer en el sillón.

Alex se sienta a tu lado.

—Eres un pesimista de mierda—te dice con
sinceridad—llevo años intentando que veas otro
enfoque y…

—Yo soy un caso perdido Alex, te lo dije mil
veces: ¡No tengo remedio! Ya lo decía mi madre.

Alex deja escapar una carcajada.

—Sabés que, está bien, tenés razón, sos un caso
perdido, no hay remedio para ti—se levanta, va
hacia la puerta y la abre—al final de esta puerta,
hay una fiesta, podes ir y divertirte, seguro que
Libertad va a estar encantada de verte en ella, ya te
echó el ojo.

Lo mirás confundido.

— ¿Esto es otro de tus juegos mentales?

—No es un juego, es la mera realidad, o una de tantas mas bien.

— ¿De qué hablas?

—De tu patético miedo a todo lo que existe—te espeta en tono agresivo.

— ¿Qué te pasa? —Le respondés poniéndote de pie—yo no quería venir a este lugar, me dejé convencer por ti.

—No Andrés no te confundas—camina hacia vos—esto lo hiciste por ti, yo no tengo nada que ver en esto.

— ¿Qué vas a hacer, drogarme y luego dejarme a mi suerte en tu laberinto mental? ¿Soy un juego para vos?

Alex sonríe irónicamente.

—Sí, Andrés. Eres un puto juego para mí, llevo años siendo tu amigo, con el único propósito de que cayeras en mis enredos para divertirme al verte en un estado alterado de conciencia.

—Eres un imbécil—le gritás ofendido, te comienzan a sudar las manos.

—Sos tan predecible Andrés, cada vez que tenés que hacerle frente a algo, te resguardás detrás de tus ataques de ansiedad.

—Es una enfermedad, sabés perfectamente que estoy yendo al Psicólogo.

— ¿Sabés lo que decía Freud?

— ¿Qué decía? sabelotodo

—Qué la única forma de que un paciente saliera adelante, era que quisiera hacerlo.

— ¿Qué estás insinuando? —Le espetás a la cara, te limpiás el sudor de las manos.

Alex te observa de forma irónica.

— ¿Enserio necesitás que te lo diga?

— ¿Te pensás que a mí me gusta sentirme como me siento?

—Sí, eso mismo es lo que creo, me leíste la mente.

Te sentís herido, traicionado, vulnerable.

—No quiero pelearme contigo—retrocedés y te sentás en el sillón—me quiero ir.

—Es una lástima, porque esto apenas comienza y no voy a dejar que te marches.

— ¿Qué, ahora soy tu rehén? — reis sin saber bien
por qué.

—Estás en mi mundo ahora, y en él, no se tolera a
los cobardes.

—Ahora resulta que estar enfermo es de cobardes.

—Escudarse en una enfermedad creada por tu
mente para no afrontar la vida, si, es de cobarde. Y
sabés una cosa, yo si tengo los huevos para
decírtelo en la cara.

—Me parece que todo esto del faro y ser un guía,
se te subió a la cabeza—te mostrás hostil.

Tu amigo ha dejado de ser tu amigo, ahora es un
desconocido, amenazador.

El Deep house suena alto.

Le das un trago a la botella de agua, su sabor te
reconforta, comenzás a sentir un pequeño
hormigueo en la nuca y un sutil mareo.

— ¿Qué pasa Andrés?… ¿Todo te da vueltas? —te
pregunta con una voz robotizada y profunda.

—Comooo hicisteee paraa hablaaar asiii—te
sorprendés al sentir que tus pensamientos se
pierden en la melodía.

Observás tu alrededor, todo se mueve y vibra.

—Bienvenido a mi mundo… Andrés—te dice Alex
con la cara pintada de payaso y comienza a
caminar por el pasillo.

—Esperá, no me dejes aquí—te levantás y lo
seguís, te sentís como si caminaras dentro de un
barco, todo se mece de un lado al otro y tenés que
agarrarte de las paredes para no caerte.

La música aumenta su intensidad, tus manos
sienten las vibraciones desprendiéndose de las
paredes.

Seguís a Alex hasta el apogeo de gente bailando, el
mar de cuerpos frenéticos comienza a envestirte
mientras caminás entre ellos.

Cada contacto te genera una sinestesia.

Sentís la música en todo tu cuerpo, como si
tentáculos se desprendieran de los parlantes y
quisieran poseer tus extremidades.

En un descuido perdés de vista a Alex.

Admirás tu alrededor, la gente baila con sonrisas
contagiosas en sus rostros, colores y calidoscopios
se desprenden de ellos.

Sin que puedas detenerte, tu cabeza comienza a
menearse, la música te enviste, te somete, te
domina, eres un ratón siguiendo al flautista.

Cerrás los ojos mientras tu cuerpo comienza a
seguir el compás, nada te importa, la simple idea
del Yo te resulta absurda y desquiciada.

Sonreís como un loco al comenzar a ver ondas de
luz cruzar por entre tus parpados cerrados.

Te sentís parte de un conjunto, como la pieza más
pequeña de un reloj suizo sin la cual la maquinaria
no puede funcionar.

Una sola tarea: Ser, vibrar, moverse.

Nada más importa.

— ¿Dónde estás? —Te pregunta una voz
femenina.

—Aquí—respondés entonando una sonrisa que se
extiende por todo tu cuerpo.

Alguien te abraza por detrás, te dejás llenar por aquella sensación de calidez.

Los calidoscopios siguen dando vuelta por entre tus parpados, los colores del arcoíris fundiéndose entre sí para formar un remolino inexplicable.

— ¿Quién sos?

—Yo soy el que soy—respondés y al terminar de pronunciar esas palabras algo hace mecha en tu mente.

De repente, todo tiene sentido, todo efecto tiene su causa, toda causa tiene su efecto, la fiesta, las palabras de Alex, el abandono de tu padre, el hombre del sombrero, la súplica implacable de tu madre antes de morir.

Abrís los ojos como quien despierta de un profundo sueño.

—El miedo no me domina—proclamás con una sonrisa dándote la vuelta para ver a Isa a los ojos— Soy lo que soy y no lo que el miedo me hace creer que soy.

—Sos una vela, una vela encendida y tu calor reconforta, como tu sonrisa—te responde Isa antes de besarte.

Al contacto con sus labios la imagen de un águila blanca viene a tu mente y una secuencia de imágenes comienza a inundarte:

7 esferas de luz con cola y alas se mueven a tu alrededor, giran sobre tu cabeza.

Tu cuerpo comienza a temblar.

— ¿Quiénes son? —Preguntás sin despegar tus labios de los de Isa.

—Somos tus hermanos Pleyadianos, te estamos guiando, esperamos tu actuar, se el ángel que has venido a ser, vencé al dragón. Allá donde la luz no puede llegar, llegas vos. Las velas esperan ser encendidas. Tú cristal violeta no puede moverse con total soltura mientras sigas aferrándote al miedo, podemos ayudarte.

Sin decir una palabra y entendiendo por instinto más que por la razón, aceptás la ayuda.

Sentís su energía en tu garganta, te vienen ganas de vomitar, pedís que paren.

—Está muy aferrado al plano terrenal, debes solucionarlo tú. Confiamos en ti. Que tu luz sea eterna, que lo eterno sea tu luz.

Te separás de Isa, atónito. Te duele la garganta.

— ¿Los viste? —te pregunta Isa con una sonrisa radiante.

— ¿Qué fue lo que acaba de pasar?

—Por una fracción de segundo, fuiste un canal de luz—te responde impasible mientras un arcoíris la rodea.

— ¿Cómo es posible que estemos teniendo esta conversación?

—Esa pregunta es aún más simple de responder: Maktub

— ¿Maktub? —preguntas eufórico mientras acariciás tu garganta para apaciguar el dolor.

—Sí, Maktub, «lo que está escrito»

— ¿Ahora vas a decirme que somos personajes literarios?

—Exactamente, aunque no por eso poco reales. Existimos en un mundo creado por un Todo, sea en letras, pensamientos o energía, en algún plano nos encontramos, en algún lugar nuestro pasado, presente y futuro, coexisten a la misma vez, como tres círculos formando una flor.

—Me estás explotando la mente—le respondés— necesito sentarme.

—Seguíme, tengo un lugar ideal—te dice antes de agarrarte la mano.

Isa te lleva hasta la zona V.I.P en donde se sientan sobre un sillón de color carmesí flúor.

—Creo que me senté sobre algo—decís y al levantarte notás un cuaderno de cuero que te resulta familiar, lo agarrás y lo abrís por el marcador.

Leer

Ir a la página: 146

Cerrarlo

Ir a la página: 156

Leer

El Uróboros

*Al final, cuando la noche del alma llega, aparece
Morfeo con sus pastillas roja y azul.*

La culminación no es más que otro renacer.

Despertar o volver a dormir.

*Seguir jalando del hilo para ver hasta dónde
puedo ir.*

Saltar al abismo sin pensar en el porvenir.

O no.

*Simplemente volver a colocarme la venda y crear
el simulacro.*

*Jugar el juego sistemático sabiendo que es una
calesita, el cerdo y la caña con carnada de
zanahoria, movido por hilos de complacencia.*

*Podría, sonrió, podía, ya no, me tomé la pastilla
roja.*

*Y ahora voy a por ustedes, los que se revelan, los
que saben qué hay algo más, los que sienten las
palpitaciones, la magia, el Dios interno, los que
brillan.*

Aúllo tal cual lobo salvaje, sediento de su linaje.

*Yo los veo, más ustedes están ciegos, ciegos por
una venda, por el miedo.*

*Sacar el piloto automático es arriesgado, y, sin
embargo, el simulacro es lo que no es, un ir sin ir,
el límite debería ser impuesto por el amor propio.*

*Para ver que es auto impuesto y como puesto se
puede quitar.*

*A mí me lo enseñó el no, el ir de repente buscando
fuera lo que debería ser encontrado dentro.*

*Caí, me levanté y seguí, corrigiendo mi ser, por
mí, para mí.*

Y en consecuencia para poder compartirlo.

*Ahora mis letras tienen fuego, magia interna que
quema y lucha por salir, brotar.*

*De la semilla creció una flor con pétalos de fuego
y consciencia, me dijo que si yo estaba dispuesto a
ser su guerrero ella sería mi espada.*

Me ama, la amo, somos uno.

Soy el humilde mensajero.

*«Es el viento el culpable de mis ideas locas, el
viene y me susurra cosas y yo no puedo hacer más
que caer en sus hipnóticas melodías»*

*Tengo un dragón al cual debo domar, el vikingo
interno lo anhela, llenándose de runas de poder.*

Grita, llamando a sus iguales.

*Vamos a volar, vamos a llegar, yo los vi, me vi nos
vi.*

La magia y el amor son reales.

Tan solo hay que vibrar, tan solo hay que Ser.

*Y para Ser primero hay que dejarse abrazar por
las llamas oscuras de la noche del alma.*

*«La tormenta más oscura siempre es la que deja
ver mejor la luz del faro»*

Hechizado por la lectura, pasas de página buscando
más, Isa te observa expectante.

A mitad de camino

Estaba sentado junto a un Naranjo, de repente, un gusano cae sobre mi brazo, por auto reflejo lo arrojé al suelo, entonces al observarlo, noté que estaba en dos fases a la vez, en mitad de una metamorfosis, sentí la necesidad de ayudarlo, le coloqué un palo cerca y cuando se agarró, lo levanté y volví a colocar sobre el Naranjo.

Al poco tiempo de estar allí, comenzó a cambiar, emergieron sus alas y se me permitió ver su proceso.

Al querer grabarlo, vi que eran las 13:13, sonreí con la sincronía.

A veces estamos a mitad de una metamorfosis y nos caemos del árbol, siendo mitad polilla y mitad gusano, podemos caminar, pero no volar, tan solo nos queda tener fe y confiar en aquel que nos contempla y puede ayudarnos a volver a subir al árbol.

Tan solo eso, el resto, depende de nosotros.

Un día

*Un día conocí a un extraño, estaba solo jugando al
ajedrez en la explanada de la I.M.M.*

*Sentado junto a la mesa, buscaba a su
contrincante con la mirada, yo en ese momento
cruzaba la calle y sentí su peculiar llamado sin
palabras.*

No pude evitar sonreír, asentir y sentarme.

*—Hace tiempo que no juego—le dije extendiéndole
la mano—pero no recuerdo ser tan malo.*

*—No me asustes— me responde con una sonrisa
devolviéndome el saludo.*

Comienza a acomodar las piezas, lo imito.

*— ¿Cómo te llamas? —me pregunta de forma
amistosa.*

—Me llamo Elías, ¿usted?

—Aquí todos me llaman Emi, por Emigrante.

*—Que interesante—respondo sorprendido— ¿de
qué parte del globo venís?*

*Emi sonríe y luego aquel brillo del viajante
destella en sus ojos.*

*—De todas partes y de ninguna—mueve una
pieza— ¿vos?*

*—Yo soy del oeste de aquí, aunque algún día
aspiro a ser de todos lados, como dice usted—me
como su peón.*

*—«Primero como, luego existo» —cita
advirtiéndome que esa no era la mejor de las
jugadas, me permite retroceder.*

*Se acerca un hombre y comienza a criticar la
partida.*

*—No es que no sepa jugar—me defiende—solo que
hace tiempo que no practica—me mira—corregí la
jugada, aquí nadie nos corre.*

*Cambio el movimiento y sus labios me regalaron
una sonrisa*

«Tenés que aprender a escuchar»

Recordé las palabras de un viejo amigo.

*La primera partida, fue una derrota aplastante, sin
embargo, había aprendido más en esa partida
pérdida que en diez victorias.*

Pedí revancha, atento a escucharlo.

*—Todos en un principio fuimos así, apresurados,
queriendo devorarlo todo, sin aprendernos el valor
de las piezas, ni la importancia de la simetría de
juego. Luego, con el tiempo, empezamos a
escuchar y observar al otro jugador, para
predecirlo. —aquí me cita a un escritor de ajedrez.*

—*Te voy a ser sincero, no recuerdo ya, ni el valor de las piezas, ni la posición exacta de tablero.*

—*Pero, estás escuchando, el resto es práctica, contemplación y apreciación. El ajedrez es la mejor manera de perder el tiempo.*

— *¿Te gusta mucho jugar? —pregunté aventurándome a mover y hablar a la vez.*

—*Es lo que me ayuda a controlar la...—se golpetea las cienes.*

Aparece otro desconocido y se queda contemplando la partida, caja de vino en mano, nos ofrece.

—*No, gracias. —respondo con amabilidad.*

—*No tomo vino, sin embargo, si marihuana, es lindo jugar fumado.*

El hombre le responde que no tiene, luego Emi me mira.

— *¿Vos fumas?*

—*Algunas veces lo he hecho, pero no.*

Seguimos jugando.

Me sigue enseñando, se suma más gente.

—*Hay otro viejo que siempre se sienta allí y que no perdona a ninguno—dice un interlocutor.*

— *¿De qué sirve ganar por ganar? ¿Qué sentido tiene saber más que el otro y no enseñar? Ese viejo no entendió nada de lo que significa ser viejo—le responde Emi molesto, luego cambia su actitud, como quien es consciente de que se dejó llevar por la indignación— ¿Dónde está? No lo vi en todo el día.*

—Se lo llevó la policía—todos miramos al hombre, el mismo, con harapos como vestimenta, señala por sobre la cabeza de Emi—Vinieron y pusieron una cámara ahí y luego se lo llevaron.

—Esperemos que eso lo haga aprender—dice Emi sin malicia.

— *¿Hoy vas a la hoya popular? —le pregunta otro hombre.*

— *¿A cantarle a Dios una alabanza mal hecha? —le pregunta con una sonrisa.*

—Yo voy por la comida.

—Como todos, ese es el punto.

Pronto toda la atención se posa sobre el juego, ya no sólo lo escucho a él, sino a otros y me siento algo así como el personaje de algún videojuego por comando de voz, le vamos ganando cada vez más terreno hasta que terminamos en tablas.

El hombre me saluda con la mano y comienza a preguntarle a la los espectadores si alguien tiene marihuana.

Me levanto del banco frío, me dispongo a marcharme hasta que otro pensamiento viene a mi mente: «Todo tiene un precio» entonces recordé que hacía unos días mi madre me había regalado unas flores, las cuales guardé en una cajita de metal.

Tanteé la riñonera, allí estaba la cajita.

Me doy la vuelta.

—Emi, ten, a veces la vida tiene sorpresas—se la entrego.

Se le iluminan los ojos.

—Gracias, esperá, esto es mucho, solo quería un poco.

—Gracias a vos por enseñarme y ya te lo dije, yo no fumo, eso es tuyo.

— ¿Cómo era tu nombre?

—Me llamo Elías.

Al cruzar la calle, la partida seguía dando vueltas por mí cabeza hasta que una máxima del Kybalión vino a mí: «Cuando el oído es capaz de oír, entonces vienen los labios que han de llenarlo con sabiduría»

Cerrarlo

Ir a la página: 156

Cerrarlo

Cerrás el libro sintiendo como si te desconectaras
de una realidad y entraras en otra.

Isa te quita el libro y comienza acariciarlo.

—Amo las letras del escritor anónimo.

—Todo esto es…—Intentás formular algo, pero
tus pensamientos son llevados por las melodías y
los cambios de ritmo.

 —No sé cómo explicarlo—le decís desahuciando
su comentario—es como si lo entendiera todo.
Como si mi vida tuviera un sentido, veo pasar mis
recuerdos frente a mis ojos y ya no están cargados
de dolor, simplemente de entendimiento, como si
ahora toda causa tuviera su efecto…

—Bienvenido a la cuarta dimensión de
consciencia, Andrés—te felicita Isa dándote una
palmadita.

— ¿Cómo pude estar tan dormido? —Le preguntas
sintiendo que una parte de ti está muriendo,
dándole paso a un nuevo vos, mas consiente,
menos influenciable.

—No todos son capaces de despertar—te dice Isa poniéndose de pie—no todos pueden aceptar sus sombras, normalmente intervenir es ir en contra de las reglas, Alex se arriesgó a perder su espada por ti.

— ¿De qué hablas? —Le preguntás al tiempo que también te ponés de pie, Isa mira la multitud danzante.

— ¿Conocés a Pablo Coelho?

— ¿El escritor brasilero?

—Ese mismo.

—Creo que leí El alquimista y si no me equivoco, Alex me prestó Manual del Guerrero de la Luz.

Al escucharte, Isa sonríe.

— ¿Lo leíste? —Te pregunta sin quitar la vista de la pista de baile.

Bajas la cabeza.

—No me atrapó—decís para no sentirte tan mal.

—Deberías leerlo, la verdad suele tomar diversas formas y de tan caprichosa que es, suele esconderse en lugares tan curiosos como podría ser el libro escrito por un buscador o un soñador empedernido.

—Me encanta la habilidad que tiene Isa para desperdiciar una buena canción—protesta Sol subiendo por las escaleras y colocándose a tu lado—vamos, Andrés, bailá conmigo…

—Yo lo vi primero—la voz de Libertad te sorprende, haciéndote dar la vuelta.

—Podemos hacer una ronda—sugiere Rey, haciéndote virar nuevamente.

—Me gusta el arte—Dice Luz apareciendo de la nada.

Antes de que te des cuenta, te atrapan dentro de una ronda de gente con capas carmesí y antifaces cambiantes.

La música comienza a bajar, las luces se apagan, surge el murmullo de la gente seguido de un mar de aplausos.

—Es el cambio de Dj, ya era hora—te ayuda Rey al verte perdido.

— ¿Dónde está Alex? —le preguntás intentando distinguir su silueta en la semi-penumbra.

— ¿No escuchas lo que grita la multitud?

Ante aquella pregunta comenzás a escuchar que la palabra «Faro» se hace más clara a medida que las luces de la pantalla del escenario se encienden.

— ¿Cómo la están pasando? —pregunta la voz de Alex en todos los parlantes.

— ¡Bieeeeeen! — Grita la multitud estremeciéndote.

— ¡No los escucho!

— ¡Wooooooooooow! — Gritan todos, incluyéndote.

—Hoy es un día especial, un gran amigo mío está entre nosotros y quiero dedicarle este último Set. ¡Quiero que todos le den un aplauso a Andrés!

Al escuchar tu nombre, un destello te siega por un momento y luego te ves reflejado en la pantalla gigante mientras la multitud grita tu nombre a coro.

La música comienza con sonidos de ballena que te hacen sonreír, allí, delante de todos, se encuentra tu mejor amigo, dedicándote un Set, haciendo que todas las personas del Faro griten tu nombre, tu nombre, el nombre de un completo desconocido, el nombre de una persona que hasta esa noche, se sentía insignificante, una simple pelusa en un mundo sin sentido.

Tus ojos se cristalizan, comenzás a seguir el bombo, cerrás los ojos, te dejás llevar por la música, y aquel canto de ballena tan particular.

De repente, un recuerdo viene a tu mente; «Eres un ángel, Andrés, siempre lo fuiste, lo que pasa es que estás dormido, pero cuando despiertes, verás que la vida tiene más sentido que todo esto que te venden, eres Luz, todos somos Luz, Chispas divinas que se recrean en la eternidad para conocerse a sí misma de diferentes formas»

«Solo hay dos fuerzas que mueven al mundo, el amor y el miedo ¿De qué lado vas a estar?»

—Yo sé quién eres, yo puedo ver tu alma.

Sexto final.

***

www.ingramcontent.com/pod-product-compliance
Lightning Source LLC
Chambersburg PA
CBHW061300120726

48001CB00001B/396